ケズィック・コンベンション説教集

2023

キリストの光に照らされて歩む

Guided by the Light of Christ

ALL ONE IN CHRIST JESUS

日本ケズィック・コンベンション

序文　対面で説教を聞ける幸い

ケズィック・コンベンション委員長　**鎌野善三**

コロナ禍で長く会堂に来ることができなかったある姉妹が、久しぶりに主日礼拝に出席なさった時のことです。礼拝後、わたしのところにおいでくださり、「先生、やはり生の説教は違いますね。みことばがビンビン魂に届きました。感謝でいっぱいです」と満面に笑みをたたえて話しかけてこられました。教会役員もなさった信仰深い方で、会堂に来られない時もズームで忠実に礼拝を捧げておられたのですが。

２０２１年と２０２２年、大阪ケズィック・コンベンションはリモートで開催されました。しかし２０２３年は、一大決心をして大きな会場をお借りし、感染防止の対策をとった上で、例年通り９回の集会をもちました。他地区のケズィックも同じようなかたちだったと伺っています。きっと多くの方々が、冒頭の姉妹と同じような経験をなされたことでしょう。

「説教は生ものだ」と聞いたことがあります。語る側も聞く側も祈りをもって準備します。しかし、ある一回の説教は、他のどの説教とも違っています。その時々に聖霊が働いてくださり、聖書のみことばが、その時、その場所で、一人一人に命を与えるものとなるのです。みことばの光によって魂が照らされて、あるいは悔い改め、あるいは励まされ、キリストに自らを明け渡して歩んでいけることは何と大きな恵みでしょうか。

その恵みを思い出すために、さらにまた、諸事情で出席できなかった方々がその恵みにあずかるために、毎年、「ケズィック・コンベンション説教集」が発行されています。今年の題は『キリストの光に照らされて歩む』です。ゲラ刷りを読ませていただいて、まさにこのテーマが全説教の底流にあることに気付きました。

幸いなことに、わたしは東北・大阪・東京の三つの地区に出席することができたので、それぞれの集会の雰囲気もよみがえってきます。講師の口調や表情、また通訳者とのやりとりなども浮かんでくるのです。集会での賛美の声も響いてきます。わたし自身が語らせていただいた説教を読んだときには、多くの方々が祈ってくださったことも思い出しました。小さな者にも聖霊が働いてくださりキリストの光が輝き出ているなら、ただ感謝でしかありません。

残念ながら、沖縄、九州、北海道には行くことができませんでした。でもこの説教集によって、三つのメッセージを聞くことができて本当に幸いでした。それぞれすばらしい説教であることは、お読みくださったらすぐわかるでしょう。ジョン・オズワルト師の説教、「終わりの時代をどのように生きるのか」（ルカの福音書18章1～34節）は、特にわたしの魂に飛び込んできました。教えられたことを三つにまとめてみます。

①この聖書個所に記されている4つのインシデント（出来事）には明確な繋がりがある。それらは、地上で神の支配がはじまったが、まだ完成していない「中間の時代」にわたしたちがどう生きるのかを示している。深い聖書講解に心打たれました。

②4つの出来事はみな、キリストと密接な繋がりをもつことがわたしたちの信仰の基盤となることを教えている。やもめのように、取税人のように、幼子のように、主イエスと繋がり、地上の富ではなく主ご自身を求めていこうと決心しました。

③揺るぎない信仰と謙遜さを持ち、人目を気にせず、地上の物に支配されずに生きることが「中間の時代」におけるわたしたちの生き方である。「キリストの光に照らされて」そのように生きるなら、わたしたちも世の光になれると確信しました。

もしも沖縄の会場に出席することができていたなら、もっと多くのことを学ぶことができていただろうと思います。2024年のケズィック・コンベンションが今から楽しみでなりません。

2023年11月

キリストの光に照らされて歩む

Guided by the Light of Christ

目次

序文　対面で説教を聞ける幸い……鎌野 善三　3

〈バイブル・リーディングⅠ〉……イアン・コフィ　11
神の召しへの完全な明け渡し（エレミヤ書 1章1～19節）

〈バイブル・リーディングⅡ〉……イアン・コフィ　20
絶望から立ち上がるために（列王記第一 19章1～18節）

〈バイブル・リーディングⅢ〉……イアン・コフィ　29
ヨハネ・マルコの失敗に学ぶ（マルコによる福音書 14章32～52節）

〈聖会Ⅰ〉……鎌野 善三　39
明らかにされた奥義（コロサイの信徒への手紙 1章24～29節）

〈聖会Ⅱ〉……デビッド・オルフォード　48
神の聖なる民として何を第一にするか（ペトロの手紙第一 1章14～25節）

〈聖会Ⅲ〉……永井 信義　56
その水を私にください（ヨハネの福音書 4章1～15節）

〈聖会Ⅳ〉
聖なる者として歩む（コロサイの信徒への手紙 3章12～17節） …… 鎌野 善三 64
〈聖会Ⅴ〉
霊的成長への招き（ペトロの手紙 一 2章1～10節） …… デビッド・オルフォード 73
〈女性セミナー〉
聖なる御翼の陰（詩編 17編1～9節） …… ルース・コフィ 82
〈教職セミナー〉
試練の中でどのようにキリスト者として生きるか（エフェソの信徒への手紙 6章19～20節、ペトロの手紙第一 3章8～18節、3章22～4章2節） …… デビッド・オルフォード 92
〈信徒セミナー〉
目を上げて畑を見なさい（ヨハネの福音書 4章31～36節） …… 永井 信義 101
〈第30回沖縄ケズィック・コンベンション 女性大会〉
終わりの時代をどのように生きるのか（ルカによる福音書 18章1～34節） …… ジョン・オズワルト 109

〈第31回 九州ケズィック・コンベンション〉…………………………石田 学 117
我が内におられるキリスト
（イザヤ書 61章1節、ヨハネの黙示録 3章20節、ローマの信徒への手紙 8章1〜17節）
〈第58回 大阪ケズィック・コンベンション 聖書講解⑤〉…………イアン・コフィ 124
困難の中で神を見出すⅡ 「ルツと喪失」
〈第16回 東北ケズィック・コンベンション〉…………………………鎌野善三 133
神の栄光をほめたたえよう（エペソ人への手紙 1章1〜14節）
〈第57回 北海道ケズィック・コンベンション〉……………………イアン・コフィ 141
貧しさから豊かさへ 悲しみから喜びへ（マタイの福音書 5章3〜4節）
あとがき……………………………………………………………………大井 満 149

〈バイブル・リーディングⅠ〉

神の召しへの完全な明け渡し

イアン・コフィ

エレミヤ書1章1〜19節

皆さん、こんにちは。今回のテーマは「神の召しに対する完全な明け渡し」です。今日はエレミヤに焦点を当てます。明日はエリヤ、明後日はヨハネ・マルコに焦点を当てます。この三人は神から召され葛藤しましたが、最終的に神に完全に明け渡し、すばらしい経験をした人たちです。

エレミヤは困難な時代に神から召され、不安定な中で人生を過ごしました。彼は「かわいそうな人」「涙の預言者」と言われました。ミケランジェロとレンブラントが描いたエレミヤの肖像画がありますが、レンブラントはエレミヤがエルサレムが滅び、悲しんで泣いている姿を描いています。またエレミヤは『哀歌』を書き、彼の評価は「哀れな預言者」となりました。さらには英語でいつも文句を言う人のことを「エレミヤのようだ」と表現します。しかし実際のエレミヤは、神の栄光を求めた信仰の人でした。また世の流れに逆行して進む勇気を持った人でした。彼の周りに神に不従順な人が多くいましたが、彼は忠実に神に仕えました。多くの人はエレミヤを「裏切り者」と呼びましたが、エレミヤはイスラエルを愛した人でした。

エレミヤ書1章に「エレミヤの召命」が記されています。彼はアナトテの祭司の家系に生まれました。アナトテの町は祭司とその家族だけが住むことの許された町で、エルサレム神殿に近い場所にありました。エレミヤの親戚にフルダというエルサレム滅亡を預言した有名な女預言者がいます。ですからエレミヤは政治的、宗教的にも中心的な家系で生まれ、「神の僕《しもべ》」として選ばれるにふさわしい人物でした。家族の背景や家柄も十分過ぎるほどです。しかし物事は全く反対の方向に進んで行きます。彼の家族から彼を殺そうとする人が現れました。

またエレミヤの時代は、世界が大きく変化する時代でした。200年間にわたるアッシリアの支配が衰え、バビロンとエジプトは昔の地位を取り戻そうとしていました。紀元前605年に「カルケミシュの戦い」が起こり、バビロンの勝利はエレミヤにとって問題になります。なぜなら「バビロンが支配権を握ったことは神の計画だ」と語らなければいけなかったからです。27章でバビロン王ネブカドネツァルを「神が立てた器」と呼んでいますが、これは当時のイスラエルの民にとっては受け入れがたいことでした。たとえば、わたしがウクライナの教会に行き「プーチンは神が立てた器だ。ロシアのウクライナ侵攻は神の計画である」と説教したらどうでしょうか。エレミヤに課されたメッセージはそのようなメッセージでした。イスラエルの国が、政治的にも宗教的にもまたモラルの面でも堕落した時代でした。そのような混乱した時代に選ばれたのがエレミヤです。彼の働きは約40年間続きました。神は16章2節でエレミヤに「あなたはこの場所で、妻をめとるな。息子や娘も持つな」と命じています。また彼は同胞から殴られ、虐待・投獄され、人前で語ることを禁じられました。足かせをはめられ、酷い仕打ちを受けました。彼が書いたものは燃やされました。また深い井戸の中に投げ込まれました。そして彼は誘拐され連れて行かれたエジプトで殺されたと言われています。エレミヤ書20章7~9節にはエレミヤが経験した苦しみの一部が表現されています。

……私は一日中笑いものとなり、皆が私を嘲ります。私は、語るたびに大声を出して「暴虐だ。暴行だ」と叫ばなければなりません。主のことばが、一日中、私への嘲りのもととなり、笑いぐさとなるのです。私が、「主のことばは宣べ伝えない。もう御名によっては語らない」と思っても、主のことばは私の心のうちで、骨の中に閉じ込められて、燃えさかる火のようになり、私は内にしまっておくのに耐えられません。もうできません。

預言者として何と困難な人生でしょうか。しかし彼は忠実に神に仕える生き方を示しました。ある人がエレミヤの生き様を「一つの方向に向かって常に神に従い続けた」と描写しています。神がエレミヤを召した時、「これからのあなたの働きは簡単だ」とおっしゃいませんでした。

1章4~5節に、神がどのようにエレミヤを召したかが書かれています。

「次のような主のことばが私にあった。『わたしは、あなたを胎内に形造る前からあなたを知り、あなたが母の胎を出る前からあなたを聖別し、国々への預言者と定めていた』」。命はいつから始まるのでしょうか。ある人は赤ちゃんが生まれて最初の呼吸をしたときに人間の命は始まると言います。しかし聖書は「わたしは、あなたを胎内に形造る前からあなたを知っていた」(5節)と言っています。つまり、一つの命が誕生する前に神はその存在を知っており、神の永遠の計画があるのです。

エレミヤ書1章5節はわたしたち夫婦にとって大切な言葉です。なぜならわたしも妻も、両親が産む計画がなくできた子どもだったからです。でも神がわたしたちの命を創造する計画を確信しています。エレミヤは神に「私は言った。『ああ、神、主よ、ご覧ください。私はまだ若くて、どう語ってよいか分かりません』」(6節)、他の訳では「私はまだほんの少年に過ぎません」と答えています。年若く経験も、知恵もなく神の務めができるはずがないと感じるのは当然です。しかし神は「まだ若い、と言うな」(7節)とおっしゃるのです。そして四つの理由をエレミヤに述べています。

①「わたしがあなたを遣わす」(7節)
②「わたしは、わたしのことばをあなたの口に与えた」(9節)
③「わたしがあなたとともにいて」(8節)
④「あなたを救い出すからだ」(8節)

自分は若く、無理だと言うエレミヤに神は「心配するな、わたしがケアをする。必要なものはわたしが備える」とおっしゃいました。エレミヤという名前は、ヘブル語で二つの意味があります。一つは「神は引き上げる」、もう一つは「神は投げ捨てる」という意味です。どちらの意味も「神」という言葉が主語です。名前からも彼は主の働き人だと分かります。9~10節では、神に直接触れられるという経験をエレミヤはしています。「そのとき主は御手を伸ばし、私の口に触れられた。主は私に言われた。『見よ、わたしは、わたしのことばをあなたの口に与えた。見なさい。わたしは今日、あなたを諸国の民と王国の上に任命する。引き抜き、引き倒し、滅ぼし、壊し、建て、また植えるために』」。この神の言葉に、エレミヤの名前が持つ二つの意味が示されています。神はエレミヤを引き上げ、この世に働きに行きなさいという、ある意味放り投げるところがあります。

そして結論として、神は一つのアーモンドの枝の幻を通して語られます。ヘブル語で「アーモンド」と「見張る」という言葉は似ています。神は「あなたの見たとおりだ。わたしは、わたしのことばを実現しようと見張っている」（12節）と言われました。13節では、もう一つの幻である「煮え立った釜」を見せます。「それは北からこちらに傾いています」。これはバビロンがまもなくエルサレムを滅ぼしにやって来る幻でした。

　このエレミヤの出来事から神はわたしたちに何を教えようとしておられるのでしょうか。第一に、わたしたちは神の召し、招きに対して答えなければいけないということです。コロナ感染拡大でわたしたちや教会は大きな打撃を受けました。今まで持っていた価値観などが崩れてしまいました。ある人は教会で集まることに恐れを持っています。コロナによって、わたしたちはどこかで神に対する姿勢が一歩後退していないでしょうか。後ろの方に隠れようとしていないでしょうか。どのような状況であっても、わたしたちは常に神に忠実に仕えることが求められています。決して神は残酷に我々を扱われるお方ではありません。愛でケアしてくださる神です。わたしたちが最も幸福だと感じるのは、神に忠実に仕えるときです。自分が何に神から召されたのか考え直し、再発見する時ではないでしょうか。神はわたしたちがもう一度喜んで「はい、わたしはここにおります。わたしを遣わしてください」と言うことを願っておられます。

　エレミヤは預言者として自分は足りないということを何度も経験します。これは彼の苦しみであり葛藤でした。「わたしもエレミヤと同じだ」と思う方がいらっしゃるかもしれません。「わたしは力もない。強い信仰もない。賢くもない」と思っていませんか。

神はあなたに何かをするように召しておられるなら、必ず必要なものを備えてくださる方です。これが第二の点です。神は招いておいて、見捨てるような方ではありません。神は私たちの弱さを通して働くことのできるお方です。使徒パウロはそのことを良く知っていました。「ですから私は、キリストの力が私をおおうために、むしろ大いに喜んで自分の弱さを誇りましょう。……私が弱いときにこそ、私は強いからです」（コリント人への手紙第二12章9～10節）、「私を強くしてくださる方によって、私はどんなことでもできるのです」（ピリピ人への手紙4章13節）。これはパウロ自身の証しです。

もし皆さんが自分は弱いと感じたり、自分は不十分だという思いに悩まされているなら、この言葉、そしてエレミヤこそ学ぶべきレッスンではないでしょうか。わたしたちが弱いときにこそ、神の力がわたしたちの内に働くのです。

第三に、成功することにおいて神の考えとこの世の考えは全く違うということです。いろいろな表彰式、たとえば映画や音楽の賞などあります。天国では、一人ひとりに神からの賞が与えられる時がやってきます。エレミヤはこの世での評価はありませんでしたが、天国では大きな賞を得たでしょう。天国は見逃すことは何一つありません。

わたしは神学校で教えていますが、時々課題として小論文を出します。エレミヤ書は小論文を出すのに最適な書物です。たとえば「エレミヤの働きは成功だったと言えるかどうか、論じなさい」と課題を出します。エレミヤは地上の生涯では正しい評価を得てはいませんでした。でも神は忠実に仕える者に必ず賞を与えてくださるお方です。

そして第四に、イエス・キリストご自身も忠実に仕える者を喜んでくださるということです。ヘブル人への手紙11章には信仰の勇者たちの名前が挙げられ、どのような生き方をしたかが記されています。エレミヤの名前は出て来ませんが、彼も忠実に預言者としての務めを果たし、死に至るまで主に仕えた働き人でした。わたしたちも「あなたはわたしが招いたことに忠実に生きていますか」と問いかけられていないでしょうか。「困難の時にはわたしを信頼しなさい、わたしがあなたを助けてあげる、必要なものを備えてあげよう。わたしに忠実に仕える者となりなさい」と神は招いておられるでしょう。イエスは忠実に仕える者を喜んで支えてくださる方です。ある人はエレミヤの生涯を「彼はどこまでも忠実で勇気ある働き人であったが、酷い拒絶を受けた人であった。しかし彼は他の人を遙かに超えるすばらしい生涯をまっとうした」と言いました。

一人のピアニストがある日、ソロコンサートを開きました。演奏が終わり、彼はお辞儀をして楽屋に戻りました。するとマネージャーが「会衆はアンコールをしていますよ」と言いました。するとピアニストは「わたしは疲れているから今日はもう弾かない」と言いました。しかし拍手は鳴りやまず、マネージャーは楽屋のモニターを覗きながら「スタンディングオベーションが始まっていますよ」と言いました。するとピアニストはモニターの中に二階の一番前の席の人を見て、「あの人は立ってないし拍手もしていない」と言いました。「でもたった一人でしょ、それで？」とマネージャーは返しました。「あの人はわたしが4歳の時からのピアノの先生だ。誰も立たず拍手をしなくても、あの先生が拍手したらわたしはアンコールを弾く」と彼は言ったそうです。主の目はわたしたち一人ひとりに注がれています。主に「はい」と答える者でありたいと思います。神に仕える者として、喜びの中で生きる者でありたいと思います。新しい霊的な目を持って主に目を注ぐ三日間でありたいと思います。

（文責　堀部里子）

〈バイブル・リーディングⅡ〉

絶望から立ち上がるために

イアン・コフィ

列王記上19章1〜18節

今回の日本ケズィックでは、神の召しに対して完全に明け渡すというテーマでお話ししています。今日は、エリヤについて考えます。彼もいろいろな困難を経験しました。彼は強い人間でしたが、彼の生涯にも大変な困難がありました。

皆さんの中に、絶望のあまり「もう死んでしまいたい」というほどの経験をした方がいらっしゃるでしょうか。わたしも、困難な経験をした方と出会ったことがあります。もうこれ以上生きていくことはできないとまで思った人たちです。エリヤもまさにそのような状況にありました。

イスラエルの国は、神への信仰から遠く離れていました。アハブ王の治世です。アハブは彼以前のどの王よりも悪いことを行いました。最悪なのは異教の人と結婚したことです。イゼベルという名前です。父親はシドンの王でした。

シドンは地中海沿岸の国で、政略結婚でした。その国の王女と結婚するならば、地中海へのアクセスを得ることができるという計算がありました。この結婚は、政治的に見ると賢明な結婚でした。しかし霊的に見ると、それは壊滅的でした。イゼベルは、父親の信仰を伝えるスピリットを持っていました。バアルやアシタロテを信仰し、人々に広めようとしていました。彼女は結婚に際して、450人のバアルの預言者とアシェラの預言者400人を連れてきました。そしてイスラエルの預言者たちを殺すことを命じました。そのような女性だったのです。

そんな状況の中でエリヤは預言者として召されました。エリヤの名前自体がバアルに対するチャレンジで、エリヤという名前はヤーウェの神こそわたしの神だという意味です。

バアルは嵐の神と言われていますが、雨をもたらす神、収穫の神とみなされていました。ですからバアルの神に祈れば、良い収穫が得られると頼っていたわけです。エリヤは神からのチャレンジを受けて、雨が降らないとを宣言します。嵐の神に対して3年間雨が降らないと宣言することは大変なことでした。

バアルの預言者とイスラエルの預言者が、カルメル山に集められ、バアルの預言者に対決しました。エリヤは、お前たちの方法で、火を降すように祈ってみろと挑戦します。

まず、バアルの預言者たちが祭壇と生贄を用意して、祈り始めました。ところが何時間たっても何も起こらないので、エリヤがからかい始めました。おまえたちの神は死んでいるのではないか。遊びに行っているのではないか。そのように言われたバアルの預言者たちはもっと必死になって祈りをささげました。でも何も起こらなかったのです。

次にエリヤの番がやってきました。彼は祭壇を築き、生け贄を祭壇の上に乗せ、祭壇に水を注ぎなさいと言いました。水不足状態の時です。水はすごく大事なものであったのです。エリヤはどのような状況であっても、自分が信じている神が自分の祈りに応えることができる方であることを示したいと思ったのです。

この祭壇はびしょびしょに濡れていました。しかしヤーウェは全知全能の方です。どのような状態であっても、天から雨を降らすことのできるお方です。わたしたちはイエス・キリストを死から蘇らせた方を信じています。火が降り、人々はひれ伏して神を礼拝しました。つづいてエリヤは跪いて雨を願う祈りをささげました。すると、雲が現れて雨が降り始めました。3年半に及んだ干ばつが、終わりを告げました。なんという祈りの力、神の力でしょう。人々はこの出来事を通してヤーウェの神への信仰に立ち戻ることになったのです。

その後にもっとびっくりするような出来事が起こりました。アハブ王が、妃であるイゼベルに何が起こったのかを語りました。彼女はそれを聞いて激怒し、エリヤに脅しのメッセージを送りました（19

章2節)。エリヤは勇気の象徴であるような人間で、1人対450人の対決に勝利した人間でした。ところがたった1人の女性からのメッセージを聞いただけで、自分の命を守ろうと逃げていきました。なぜこんな短い間に、あれほどの勝利を経験した人間が、こんな大きな絶望へと落ち込んでしまったのでしょうか。彼の心の中に何が起こっていたのでしょうか。

わたしたちも彼の体験からたくさんのことを学べます。皆さんの中にも絶望のあまり、本当に神はいるのかと思った方もいらっしゃるでしょうか。わたしの信仰は本物だろうか。もしそのような方がいらっしゃったら、良かったと思います。ここから学ぶことができるからです。

「エリヤは、わたしたちと同じような人間でしたが、雨が降らないようにと熱心に祈ったところ、三年半にわたって地上に雨が降りませんでした。しかし、再び祈ったところ、天から雨が降り、地は実をみのらせました」(ヤコブの手紙5章17節~18節)。エリヤは「わたしたちと同じような人間でした」とあります。イエス・キリストご自身もそうです。エリヤと同じように苦しむ僕として働かれました。キリストの恵みは、わたしたちがどのような時にも必要を満たしてくださるのです。

エリヤがこれほどの絶望に陥ったのは、どういうことだったのでしょうか。聖書を通して4つのことを見てみましょう。

彼は第一に、肉体的に疲れきっていました。「そうするうちに、空は厚い雲に覆われて暗くなり、風も出て来て、激しい雨になった。アハブは車に乗ってイズレエルに向かった。主の御手がエリヤに臨んだので、エリヤは裾をからげてイズレエルの境までアハブの先を走って行った」（列王記上18章45節～46節）。このときエリヤは、肉体的に疲れ果てていました。カルメル山でのあの激しい霊的な戦いの後に、肉体的にはエネルギーがまったく残っていない状況でした。

第2に、精神的に彼は疲れ果てていました。この3年間アハブ王から隠れて生きてこなければなりませんでした。そういう生き方は、精神的なプレッシャーになります。王の1番の敵とされていたのです。

第3に、感情的な面でも、彼はぼろぼろになっていたでしょう。心に何も余裕がない状況でした。車の燃料ランプが点灯している状態です。給油しなければいけない状態です。

4番目に、彼は霊的に攻撃を受けていました。エリヤは悪と戦っていたのです。エリヤの祈りを通してイスラエルの民は悔い改め、バアルの信仰から本当の神への信仰に立ち帰りました。その時にエリヤは、悪魔の力が自分に向かってくることを感じたのです。「それを聞いたエリヤは恐れ、直ちに逃げた」（19章3節）とあります。あらゆるところから、責められてもうどうしようもないという状況に彼は今いるわけです。それで、神からの使命も投げ捨てようとしたのです。ひとりになり、荒野を旅することになりました。悪循環です。彼はエニシダの木の下で横になり、絶望的な祈りをささげます。「主よ、もう十分です。わたしの命を取ってください。わたしは先祖にまさる者ではありません」（4

節）。彼の本心からの祈りなのです。

「主の慈しみは決して絶えない。主の憐れみは決して尽きない。それは朝ごとに新たになる。あなたの真実はそれほど深い」（哀歌３章22〜23節）とあります。神はそのように働かれるお方です。父なる神は、わたしたちの状況を理解し、いやし、元の状態に回復しようとしてくださるお方です。

神はエリヤにゆっくり眠ることをお許しになりました。睡眠は神からのすばらしい贈り物ですね。エリヤが目を覚ますと、食べ物が用意されていました。み使いはもう少し眠りなさいと言いました。そして今度目を覚まさせると、また起きて食べなさいと言いました。すべては神からのプレゼントでした。エリヤもそのことによって新しく力を得ました。十分に休息を取ると、周りの状況も違って見えてきます。エリヤの場合、ただ食べることと眠ることだけではなくて、その後40日間歩き続けました。彼は肉体的に新しくされました。40日間歩くということを通して、彼のメンタルの部分も癒されていきます。人間のプレッシャーから解放され、安息の中を歩きながら、気持ちの部分でも回復することができました。感情的にも、彼の心が落ち着きを取り戻す時でした。

40日40夜歩いた後、エリヤはホレブの山へたどり着きます。そこでエリヤはもう一度神をはっきりと見ることができました。風が吹いたり、地震が起こったり、火が起こったりしたその後に、かすかな細い声が聞こえました。絶望して、使命感を失っていたエリヤが、もう一度神について新しい発見をしたのです。神の細い声が聞こえるということは、すぐそばにいる必要があります。神は今エリヤのすぐそばにおられる。ホレブの山、偉大な山、いと高き方の力が現れる山、そこに神はいと近き方としてエリヤのすぐ側におられることを、この細い声の中で現されました。神が新しい現れ方をしてくださったわけですね。彼の信仰も新しくされました。

神を信じて長い年月が経ち、しかもこれまでもずっと神に仕えてきた方々が多いと思います。これまでにも神が力強く働いていたことを何度も見てきたでしょう。エリヤも、そうでした。しかしエリヤはこの時に神の新しい面を理解しなければならなかったのです。今日も神があなたに新しい面を発見しなさいと言っておられます。「神様、今日あなたを新しい方法で知りたいのです」と祈ることが必要ではないですか。

このエリヤの体験から3つのことを学びましょう。

第1は、神をどのように見るかです。神がエリヤをどう扱われたでしょうか。絶望に陥ったエリヤを神は見捨てず、もう一度回復されました。わたしたちは神の前から逃げるのではなく、神の方に助けを求めて走って行かなければならないのです。

2番目は、自分自身をどのように見るかです。神に造られたものとして、体も精神も感情も、それを養って、整えていく責任があります。燃え尽きることは、神の民にふさわしくありません。ときに

郵便はがき

113 - 0033

恐縮ですが
切手を
お貼りください

東京都文京区本郷 4-1-1-5F

株式会社ヨベル YOBEL Inc. 行

ご住所・ご氏名等ご記入の上ご投函ください。

ご氏名：　　　　　　　　　　（　　歳）

ご職業：

所属団体名（会社、学校等）：

ご住所：（〒　　-　　）

電話（または携帯電話）：　　（　　）

e-mail：

表面に ご住所・ご氏名等ご記入の上ご投函ください。

●今回お買い上げいただいた本の書名をご記入ください。
書名：

●この本を何でお知りになりましたか？
1. 新聞広告（　　　　）2. 雑誌広告（　　　　）3. 書評（　　　　）
4. 書店で見て（　　　　　書店）5. 知人・友人等に薦められて
6. Facebook や小社ホームページ等を見て（　　　　　　　）

●ご購読ありがとうございます。
ご意見、ご感想などございましたらお書きくだされればさいわいです。
また、読んでみたいジャンルや書いていただきたい著者の方のお名前。

・新刊やイベントをご案内するヨベル・ニュースレター（E メール配信・不定期）をご希望の方にはお送りいたします。
（配信を希望する／希望しない）

・よろしければご関心のジャンルをお知らせください
（哲学・思想／宗教／心理／社会科学／社会ノンフィクション／教育／歴史／文学／自然科学／芸術／生活／語学／その他（　　　　　　）

・小社へのご要望等ございましたらコメントをお願いします。

自費出版の手引き「**本を出版したい方へ**」を差し上げております。
興味のある方は送付させていただきます。
資料「**本を出版したい方へ**」が（必要　　必要ない）

見積（無料）など本造りに関するご相談を承っております。お気軽にご相談いただければ幸いです。

＊上記の個人情報に関しては、小社の御案内以外には使用いたしません。

はわたしたちは、静まる時が必要です。あまりにも忙しくなりすぎて燃え尽きてしまうのは神の御心ではないのです。

3番目は、絶望をどう扱うかです。ヤコブの手紙は、エリヤはわたしたちと同じ普通の人間でしたと言っています。疲れの中で、自分の使命と、行くべき方向を見失ってしまいました。ケズィック・コンベンションは、行くべき道を見失ったときに、正しい道に戻る助けとなるためにあります。150年余り続いてきたケズィックで、自分の行き場所を見失った多くの人が、それを見出したのです。集会に来るときには疲れ果てていた人が、新しい力と使命感を持ってそれぞれの働きに戻っていきました。ケズィックの意義は、神が個人的に、わたしともう一度新しく出会う場所であるということです。

わたしたちの長男が結婚したときのことです。当時わたしはジュネーブの教会の牧師で、イギリス政府発行の牧師証明書の期限が切れていたのです。その時はイギリスの牧師の資格がなかったので、政府の役人がやってきました。息子は、結婚式に先立って面接して、手続きをしました。その際、政府の係官が、調査費用は50ポンドですと言いました。長男は、結婚式当日に払いますと言ったらしいですね。ところが当日、長男はお金を持って来なかったので、「お父さん、50ポンド持っている」と尋ねました。わたしも財布を持っていませんでしたので、妻に聞いたのですが、彼女もお金がありませんでした。結局出席者にカンパを呼びかけて、お金を集め、ようやく結婚式ができました。

数日後にジュネーブに戻り、運転しながら、結婚式で起こったことを考えていたのですが、突然、笑い出してしまったのです。長男の晴れの舞台ですよね。おかしいと言うのか、不思議な気持ちで、涙が出てきて、車を止めました。その時に聖霊の声が聞こえました。

「あなたがたの中に、魚を欲しがる子供に、魚の代わりに蛇を与える父親がいるだろうか。また、卵を欲しがるのに、さそりを与える父親がいるだろうか。このように、あなたがたは悪い者でありながらも、自分の子供には良い物を与えることを知っている。まして天の父は求める者に聖霊を与えてくださいます」(ルカによる福音書11章11節~13節)。息子がわたしを頼ってくれたとき、わたしはうれしかったのです。なんとかしたいと思いました。そのことを思ったときにこの言葉が聞こえてきて、神はわたしたちの求める以上のものをいつでも喜んで与えてくださる方であることを知ることができました。

人間の父でも良いものを与えようとするのですから、天の父なる神はもっと良いものを与えたいと願っておられます。皆さんはいつ神に「わたしには何も手元にありません」と言ったでしょうか。恐れないで、恥とは思わないで、正直に、手を広げて、神の前に出て、神に、わたしはこれが必要ですと祈ることが大切です。

(文責　大井　満)

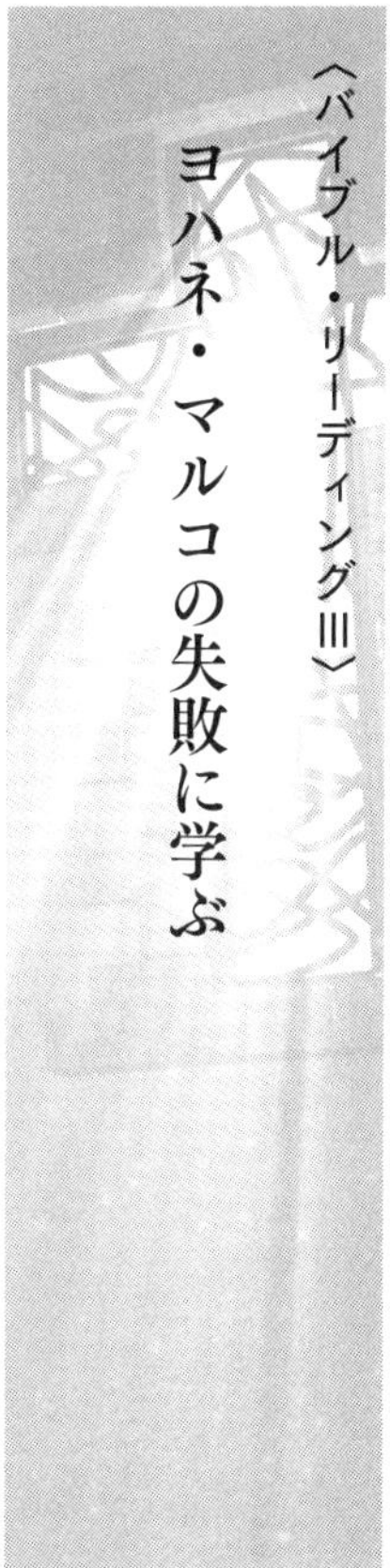

〈バイブル・リーディングⅢ〉

ヨハネ・マルコの失敗に学ぶ

イアン・コフィ

マルコによる福音書14章32～52節

この3日間、共に過ごすことができたことをとても嬉しく思っています。日本ケズィックでのメッセージの共通テーマは、神の召しに対する完全な明け渡しです。一日目はエレミヤを通して、神の召しがどれほどむずかしいチャレンジであったかを語りました。昨日はエリヤが、預言者でありながら、絶望して死にたいと思うまでに落ち込み、その絶望した彼に神からの召しがもう一度新しく与えられたことをお話しました。

今日選んだ人物はヨハネ・マルコです。マルコによる福音書の著者です。ヨハネ・マルコも神からの召しを受けていました。彼の課題は、過去に失敗をしたということでした。失敗は、誰もが経験することです。

今日は、マルコがどういう生き方をしたのかということを見たいのです。彼は聖書に登場する重要な人物ではありません。しかし彼は意味のある生涯を送っています。彼はおそらく家族の影響を受けて信仰を持つようになりました。彼の母はマリアですが、エルサレムに大きな家を持っていました。この家が、イエスにとって、エルサレムでの活動の拠点でした。最後の晩餐もこの場所で行われたと考えられています。またペンテコステの日に聖霊が降りましたが、それもマリアの家であったと考えられています。

先ほどマルコによる福音書を読みましたが、最後の言葉に注目してください。ちょっと不思議な言葉が書かれています。イエスが逮捕された時に、「一人の若者が、素肌に亜麻布をまとってイエスについて来ていた。人々が捕らえようとすると、亜麻布を捨てて裸で逃げてしまった」（14章51節～52節）とあります。

福音書の中になぜこんなことが書かれているのでしょうか。ヨハネ・マルコは若者でした。イエス・キリストと弟子たちは、彼の母の家で最後の晩餐をしていました。部屋から、歌声とかが聞こえたでしょう。最後の晩餐が終わった後で、イエスと弟子たちはゲツセマネの園へ行きました。ヨハネ・マルコは、ベッドを抜け出して、ついていきました。主イエスを逮捕するために兵隊たちがやってきましたが、そこに彼はいました。とにかく彼は服を脱ぎ捨てて、裸のままで逃げていったのです。彼自身が経験したことだったので、福音書に書かれているのだと思います。ゲッセマネの出来事があった後に、ヨハネ・マルコの生涯にどのようなことが起こったのか、そのことを見ていきましょう。

使徒言行録12章によれば、彼はこのチームの一員でした。アンティオキア教会のリーダーであるバルナバがヨハネ・マルコの従兄弟でした。それでバルナバは自分の若い従兄弟を、そのチームに加えたのだと思います。ある時聖霊がその教会のリーダーにメッセージを伝えました。使徒言行録13章ですが教会はバルナバとサウロを選び、この2人を伝道旅行に送り出すことになります。その時に2人はヨハネ・マルコを同行者として連れて行きます。鞄持ちのようにして彼はついてきました。

伝道旅行の最初の目的地はキプロス島でした。バルナバの出身地です。そこにはバルナバやヨハネ・マルコの親戚や家族もいたことでしょう。彼らはまず会堂を訪れ、旧約聖書の預言者たちが語っていたメシアこそ、ナザレのイエスであると人々に教えました。この説教を通してある者はクリスチャンになりました。このように宣教の働きがうまくいっておりました。ところが驚くべきことが起こるのです。

この地方の総督、つまりローマ政府の高官が、福音を聞きたいと思うようになりました。地方総督はふたりを自分の屋敷に呼び、福音を聞きました。ローマの地方総督が福音を聞きました。

総督はローマ人ですからローマ神話のさまざまな神々がいる文化の中で育った人間です。しかしこのメッセージは天地創造の唯一の神ご自身が、わたしたちのところに来られたという初めて聞くすばらしいニュースであったわけです。この神には、捧げものを持って行く必要はないということを知りました。自分が良い行いをして神から恵みを得ようとする必要もないということも聞きました。神ご自身がイエス・キリストを救い主として遣わされたのだという福音です。総督の心が開かれました。

しかし、彼にはアドバイザーがいました。バルイエスという名の魔術師です。彼は総督が福音を聞かないように邪魔をしていました。驚くことが起こります。「あなたはもう目が見えなくなるであろう」と。その瞬間にその人は目が見えなくなりました。

次の出来事はすごく小さなことのように思えるのですが、それはこの時にヨハネ・マルコはこのチームを離れて、エルサレムに帰ってしまうのです。なぜヨハネ・マルコはエルサレムに帰ってしまったのでしょう。聖書にはその詳しい理由は書かれていません。思うに、彼はローマ総督の家で、悪の力と神の国の力とがぶつかった、その出来事を間近で見て、怖くなったのです。

使徒言行録15章は、キプロスでの出来事の23年後のことで、パウロがバルナバに申し出ました。第一次伝道旅行で行った教会が今どうなっているのかその様子を見に行こうではないか。

その時にバルナバは自分の従兄弟であったあのヨハネ・マルコも一緒に連れて行こうと言いました。

パウロは絶対それはだめだと言いました。ヨハネ・マルコはわたしたちを見捨て、「離れて」勝手に逃げて行ったとパウロは考えているのです。「離れて」いったという言葉は、軍隊で使われる言葉で、もともとの意味は脱走するという言葉です。ヨハネ・マルコがただ単にホームシックにかかって離れたということではなく、パウロはヨハネ・マルコがこの霊的戦いを戦えるような人間ではないという確信を持っていたのです。しかしバルナバ（慰めの子・励ましの子）はなんとかこのヨハネ・マルコを励まそうと思っていました。一度失敗した人間だけれど、ヨハネ・マルコにもう一回やり直すチャンスを与えたいと思っていました。この考えの違いにより、パウロとバルナバは激しい議論をし、別々に伝道旅行に出かけることになりました。

使徒言行録を書いたルカは医者でした。それで彼は医学用語を使っていますが、「衝突する」（39節）という言葉は、強烈な痙攣というか発作というような言葉です。ということはこのパウロとバルナバの2人が別れたことは簡単なことではなかった、かなり深刻なことであったということです。で、パウロはシラスを伴って第2回目の伝道旅行に出かけます。バルナバは従兄弟のヨハネ・マルコを連れてもう一度キプロスに向かいます。この後パウロとバルナバが一緒に働いたという記事は、聖書には残念ながら出てきません。きっとどこかの時点で和解があったということを期待していますけれども、それは分かりません。

クリスチャンのリーダーがこのように失敗することもあります。神によく用いられているリーダーが、大きな失敗をして用いられなくなることもあります。リーダー同士のぶつかり合いが教会で起こることもあるでしょう。こういうことを見るとわたしたちも心に傷を受けます。戸惑うでしょう。その答えは、わたしたちは人間に過ぎないということです。決断する時に間違ってしまうことはありえます。傲慢になってしまうことも、自分のやり方に固執してしまうこともあります。分裂はあり得るのです。

でもこのことからわたしたちは何を学ぶのでしょうか。まず何よりもリーダーを尊敬することが求められていますが、敬いすぎて偶像のようになってしまってはいけないわけです。自分の教会のリーダーあるいはグループのリーダーではなく、イエス・キリストに従うことが求められています。そしてイエス・キリストご自身は決してわたしたちを失望させることはありません。完全なクリスチャンは存在しません。わたしが洗礼を授ける時、新しいクリスチャンに、洗礼を受けても完全なクリスチャンになるわけではありませんよと言います。水の中に全部沈めてしまうと死んじゃいますよね。そしたら完璧になるのですけど、それはできませんから生きている限りは完全ではありませんよと説明します。死んで天に迎えられたときに、わたしは完全な者にしていただけます。そのことを覚えることが必要でしょう。

ヨハネ・マルコのストーリーはここでは終わっていません。ヨハネ・マルコはおそらくバルナバによってもう一度助けられ、指導され、導かれていったでしょう。キプロスに戻りましたけど、そこはマルコが失敗をしてそこから離れていったわけですから、失敗した場所にもう一度2人で行って、バルナバからの取り扱いを受けた後に、マルコはローマに行きました。そしてそこでローマにいた弟子ペトロと近しくなります。ヨハネ・マルコは、書く能力を持っていました。一方ペトロは、元々漁師でしたから、書くことが上手ではありませんでした。ですからペトロは、自分が経験したことを若いマルコに伝え、マルコはそれを書き取るという大事な働きをしました。彼は失敗した人では終わらなかったのです。バルナバはマルコが立ち直るのを手助けし、ペトロもそれに加わり、ペトロの失敗の体験、イエスを知らないと三度も否定し、その経験を通して、主に赦されることがどれほど幸いなことかを体験も、その体験が、ヨハネ・マルコにとっても非常に大きな励ましとなったのです。

さらにパウロの手紙に、ヨハネ・マルコの名がしばしば登場します。たとえばコロサイの信徒への手紙で、マルコを推薦しています。フィレモンへの手紙においても、マルコを自分の同労者の一人として名をあげています。パウロが最後に書いたと言われるテモテへの手紙二4章では、パウロはまもなく地上の働きを終え、殉教するという状況に置かれ、弱さと孤独を感じていました。そのパウロがこのように書きました。マルコを伴って一緒に来てください、彼はわたしの努めに役に立つ人物ですと。彼は、ある時点でヨハネ・マルコは役に立たない人物だと思いましたが、このときにマルコは役に立つ人物だと言っているのです。

マルコの福音書を取り上げると、わたしはいつも思います。神は失敗を取り戻し、やり直しのチャンスをくださる方だと。失敗という経験を通して、成長させてくださる方です。マルコのことは、わたしたちにも良いお手本となります。

わたしたちすべてに「勇気を持ちなさい」と言われているのです。それは神が、失敗の経験を、祝福に変えてくださる方だからです。

ヨハネ・マルコが立ち直った5つのステップを見ましょう。

彼は第1に自分の失敗に正直に向かい合いました。わたしの友だちにアルコール依存症から立ち直った人々がいます。彼らが立ち直るのを助けるグループに参加すると、まず自己紹介し、アルコール依存症ですと言うのです。失敗を認め、そこから立ち直るのです。

第2に、人々の助けを受け入れたということです。助けてもらうのには謙遜な心が必要です。聖書は言います。「だれでも高ぶる者は低くされ、へりくだる者は高められる」（マタイによる福音書23章12節）。

第3に、もう一度やり直すという気持ちを持っていたことです。マルコにとって、キプロスでの経験は、すごく気まずいことでした。もうあんな経験は二度としたくない。教会の後ろの席に座っているだけで十分だと考えたかも知れません。でもペトロが福音書を書くときに、「助けてくれないか」と声をかけてくれたのです。もうこれ以上奉仕したくないと言えたかも知れませんが、あきらめずにやり直す気持ちを持っていたのです。主は、もう一度新しい人生を始めるときは今だと言っておられます。

第4は、マルコは、過去の失敗から学ぶことのできる人物でした。あるスポーツマンがインタビューを受けました。偉大な功績がありながら、辛い時期を通った人物でした。「でもあのときがあったから、今のわたしがあるのです」とその方は答えていました。ヨハネ・マルコも自分の失敗をどう生かすかという、学ぶ力を持っていたのです。

第5のステップです。彼は赦しを喜んで受け入れる心を持っていました。主イエスの十字架には縦の木と横の木があります。イエス・キリストが十字架で流された血潮には力があります。その血潮によって神と正しい関係に入れていただき、横の関係においても正しい関係に入れられるのです。ヨハネ・マルコの生涯の証しは、失敗が人生の最後の言葉ではなくて、新しい人生の最初の章であるということです。

心にある傷をすべてイエスのもとに持っていきましょう。イエスが十字架で流された血潮には本当に力があります。神の許しを受け入れる力、人々と和解する力を与えます。失敗で終わらずに、イエス・キリストの血潮による光の下を歩きませんか。

たまたま今日ここにいる人は一人もいません。神が今日あなたに語ろうとしておられるのです。来なさい、そしてイエスの名によって癒やされなさい。

（文責　大井満）

〈聖会Ⅰ〉明らかにされた奥義

コロサイ人への手紙 1章24～29節

鎌野善三

第62回日本ケズィック・コンベンションにお招きくださり、聖会のご奉仕をさせていただくことを心から感謝します。今年は、「神に選ばれた聖なる者」というテーマで、コロサイ人への手紙3章12節の「ですから、あなたがたは神に選ばれた者、聖なる者、愛されている者として、深い慈愛の心、親切、謙遜、柔和、寛容を着なさい」が主題聖句として掲げられています。それを伺ったので、このテーマにそってメッセージを語るように導かれるまでに長い時間はかかりませんでした。今日は、コロサイ人への手紙1章からこのテーマの前提となる真理を共に学び、明後日には、主題聖句にそった実践的な歩みについて考えたいと思っています。

　これまでも、「聖会」と言われる集会に出席された方は多いことでしょう。クリスチャンとして生きているなら、神様の求められる「聖なる者」になりたいと願うことは、自然なことです。しかし、聖会のメッセージが魂に届き、「聖く生きていこう」と決心しても、その後の生活においては失敗の繰り返しとなることが多かったのではないでしょうか。少なくとも、わたしはそのような経験をしてきました。

わたしの父は、兵庫県の田舎町にある小さな教会の牧師でした。決して有名な牧師ではありませんでしたが、祈りの人でした。わたしが東京の大学に進学することが決まったとき、「これを読みなさい」と言って父がわたしに渡してくれたのが、B・F・バックストンの書いた『神と偕なる行歩』という小さな本です。その冒頭にはこう書かれています。

「どなたにも『なぐさめ主が参りました』時に、ただちに起こる問題は、『この受けた恵みをどうして保つことができるか』ということであります。それに対する最善の答えは、『あなたは恵みを保つ必要はない、恵みがあなたを保ってくださる』と言うことであります」。

最初読んだときは頭を通りすごしただけの一文でしたが、その後の歩みの中で、「恵みがあなたを保ってくださる」ということの意味がだんだんと分かってきました。それは、主イエスと親しい交わりの時をもつことです。どんなに忙しくても、聖書を読んで祈る時間をもつことです。そのことがどれほどすばらしい「恵み」であるかを、わたしはその後50年余りのクリスチャン生活において体験してきました。

今回の主題聖句が含まれているコロサイ人への手紙は、パウロがローマで2年間、軟禁状態になっていたときに書かれたと言われています。コロサイ教会には、ユダヤ人だけでなく、異邦人でキリストを信じた人たちも多くいたようです。パウロはこの時期、さらにエペソとピリピにある教会に、またピレモンという個人にも手紙を書きました。これらの手紙には、獄中にありながらも、主イエス・キリストとの交わりによって与えられる喜びが満ちあふれています。そのような交わりの中で体験し、理解したことを、パウロは「奥義」と呼びました。この語は、先ほど読んでいただいた箇所にも3回登場しています。旧約時代には隠されていた奥義が、彼の生涯において明らかにされたと記しているのです。この奥義がどのようなものか、三つの点から学んでみましょう。

1　苦しみを通して明らかにされた奥義

24節をご覧ください。「わたしは、あなたがたのために受ける苦しみを喜びとしています。わたしは、キリストのからだ、すなわち教会のために、自分の身をもって、キリストの苦しみの欠けたところを満たしているのです」。パウロは、福音を宣教するために様々な苦難を経験しました。厳しい迫害がありました。見知らぬ地を旅する困難がありました。肉体のとげによる苦しみもあったと告白しています（コリント人への手紙第二11章〜12章）。しかし、それはキリストの苦しみに比べるならはるかに軽いものでした。キリストの福音を人々に伝えるために受けるのなら、彼にとって苦しみは喜びとなったのです。

キリストこそまさに「苦難のしもべ」でした。キリストの十字架の苦しみによって、全人類の罪が赦されたのですから。キリストの誕生より七百年も前に生きた預言者イザヤは、キリストの苦しみの意義を神の啓示により知らされていました。「彼はわたしたちの背きのために刺され、わたしたちの咎のために砕かれた」のです（イザヤ書53章5節）。救い主が苦しみを受けることによって、罪びとが救われる。これはまさに奥義です。イザヤ自身もこう言っています。「彼の時代の者で、だれが思ったことか。彼がわたしの民の背きのゆえに打たれ、生ける者の地から絶たれたのだと」（同53章8節）。それは、新約時代になってやっと明らかにされた奥義だったのです。

キリストの苦しみ。それはわたしたちの救いの基盤です。「まばたきの詩人」と言われる水野源三さんのことは皆さんよくご存じでしょう。まばたきでしか自分の意思を伝えることができなかった水野さんが作った賛美歌を紹介します。

新聖歌292番「もしも私が苦しまなかったら」

もしも私が　苦しまなかったら
神様の愛を知らなかった
多くの人が　苦しまなかったら
神様の愛は　伝えられなかった
もしも　主イエスが　苦しまなかったら
神様の愛は　現れなかった

（日本基督教団讃美歌委員会著作物使用許諾第５２９２号）

今、苦難にあっておられる方、その苦難は神の愛を知るためのものです。キリストの十字架の苦しみが自分のためだったと知るためです。キリストの苦しみのゆえにわたしたちの病は癒やされ、罪が赦されることを知るためです。この奥義がわかるとき、もはや苦しみは苦しみにとどまらず、かえって喜びとなります。パウロは自分の人生の目的はこの奥義を伝えることだとはっきり述べるのです。

「世々の昔から多くの世代にわたって隠されてきて、今は神の聖徒たちに明らかにされた奥義を、余すところなく伝えるためです」（26節）。

2　キリストの内住によって明らかにされた奥義

パウロは、この奥義がキリストの十字架のみわざによる救いだけに留まらないことに気づいていました。「この奥義が異邦人の間でどれほど栄光に富んだものであるか、神は聖徒たちに知らせたいと思われました。この奥義とは、あなたがたの中におられるキリスト、栄光の望みのことです」（27節）。つまり、キリストご自身が「あなたがたの中におられる」、つまり内住されるという奥義です。

神の御子であるキリストがなぜ十字架の苦しみを味わわれたのか。答えは明確です。それ以外に罪ある人間が救われる方法がなかったからです。しかもこの恵みは、ユダヤ人だけでなく、異邦人にも全く同じように与えられることをパウロは主張しました。律法を行うことによっては、どんな人も聖徒になることはできない。ただ信仰によってのみ聖徒とされるゆえに、ユダヤ人も異邦人も、全く同じように救われる。だからこそ、パウロは異邦人伝道のために命を懸けたのです。

さらにパウロは、明確に宣言します。「キリストは十字架で身代わりになられただけではない。ユダヤ人でも異邦人でも、信じる者たちの中に、今、おられるのだ」と。十字架で死なれたキリストは復活された。そして信じる者たちの中に内住しておられる。これは奥義でした。天地を創造された神が、罪ある人間の中に住まわれるなど、ユダヤ人にとってはあり得ないことでした。しかし、パウロはそれを経験していたのです。「教会を迫害していた自分に現れ、使徒として召してくださった方が、この牢獄の中でも、わたしの中におられる」。そう思うだけでも彼の心は燃えました。喜びがあふれました。現在、わたしたちは肉体をもたれたキリストを肉眼で見ることはできません。しかし、キリストを示してくださる聖霊をわたしたちの中に迎え入れることはできます。「聖なる霊が、こんな罪深いわたしの中においでくださることなど、不可能だ」。そう思う方もおられるでしょう。そうです。普通なら考えられません。だからこそ、これは奥義なのです。もしわたしたちが「イエスは救い主です」と告白しているなら、それは聖霊の働きです（コリント人への手紙第一12章3節）。聖霊を受けるのは律法を行ったからではありません。「信仰をもって聞いた」からです（ガラテヤ人への手紙3章2節）。それなら信じましょう。こんなわたしたちの中に、キリストが生きてくださっていることを。聖霊が働いてくださっていることを。

3 成熟した者とするために明らかにされた奥義

さらに28節をご覧ください。「私たちはこのキリストを宣べ伝え、あらゆる知恵をもって、すべての人を諭し、すべての人を教えています。すべての人を、キリストにあって成熟した者として立たせるためです」(28節)。聖書協会共同訳では、「完全な者として立たせるため」となっています。つまり、この奥義を伝えるのは、ユダヤ人も異邦人もすべての人を「成熟した者」、「完全な者」とするためだと述べているのです。

パウロは、コロサイ教会の人々を「聖徒たち」と呼んでいます(1章2節、26節、27節)。キリストの十字架を信じる者は、すでに「聖徒たち」と呼ばれているのです。しかし、わたしたちのだれが、自分の行いによって「聖徒だ」と言えるでしょうか。「聖なる者、傷のない者、責められるところのない者」(1章22節)と言えるでしょうか。「とても言うことはできません」という答えが、多くの人から返ってくると思います。

わたしたちがどんな罪びとであっても、「ありのままで」神の前に出て良いのだよ、としばしば言われます。その通りです。でも「蟻のままで」過ごしてはなりません。なぜならわたしたちは蟻ではなく青虫だからです。青虫は、ある時間が経過するなら蝶になります。地面を這う青虫が、空を飛ぶ蝶になる。そんな変貌が、実際にこの地上で起こっているのです。これはまさに神が自然界で現実になしておられる奥義です。いわんやわたしたちを蝶のように変えることを、全能の主ができないはずはないでしょう。わたしたちが、キリストにあって「成熟した者」、「完全な者」として御前に立つことは不可能ではありません。キリストがわたしたちの中におられ、聖霊が日々働いてくださるなら、たとえ時間がかかろうとも、それは必ず実現します。それこそ、この奥義が明らかにされた目的だからです。

パウロは「あなたがたの中におられるキリスト」を「栄光の望み」と言っています。望みは、まだ実現していないから望みです。しかし、できないと諦めることは望みではありません。それを待ち望むことができるように、キリストはわたしたちの中におられるのです。

２００９年、オバマ大統領は「Yes, We Can!」と国民を鼓舞し、大統領に当選しました。わたしたちは自分の力で「聖なる者」となることはできません。しかし、わたしの中におられるキリストにはできます。聖霊にはできます。だから、このお方に信頼して言いましょう。「Yes, He Can!」と。恵みが、キリストとの交わりが、あなたを保つのです。

〈聖会Ⅱ〉

神の聖なる民として何を第一にするか

デビッド・オルフォード

ペテロの手紙第一　1章14〜25節

今夜はペテロの手紙第一を見ていきます。

この手紙のテーマは「神の恵みにしっかりと立つ」ということです。この手紙を受け取った紀元60年代のクリスチャンたちは、迫害の中に置かれていました。そのためエルサレムを離れアジア州（今でいうトルコ）に散らばって行ったのです。ペテロはそのような厳しい迫害の中にいるクリスチャンたちに対してこの手紙を書いています。

試練の中にある人々に対し、ペテロはまず神を称え、救いの御業に注目するように語りかけています。「私たちの主イエス・キリストの父である神がほめたたえられますように。神は、ご自分の大きなあわれみのゆえに、イエス・キリストが死者の中からよみがえられたことによって、私たちを新しく生まれさせ、生ける望みを持たせてくださいました」（ペテロの手紙第一1章3節）。

ここでペテロはイエスによって与えられた救いに感謝をし、「神があなたを選び、聖なるものとし、新しく生まれ変わらせてくださったのだ」とクリスチャンたちを励ましているのです。だから、試練の中でも「神の子ども」（1章14節）として従順に生きるよう勧めています。言い換えれば、「キリストに従う」ということです。混沌とした状況の中でこそ、キリストに従う必要があるということを教えているのです。例えば、初めて行く街で雑踏の中を歩くとき、ガイドの後をひたすら着いていけば目的地に着くように、混沌とした世界においてもキリストに従うというシンプルな原則に従うことによって、わたしたちは目的地に着くことができるのです。

ですから、14～16節において、「自分を聖くし神に従う」ことについて書いています。「従順な子どもとなり、以前、無知であったときの欲望に従わず、むしろ、あなたがたを召された聖なる方に倣い、あなたがた自身、生活のすべてにおいて聖なる者となりなさい。『あなたがたは聖なる者でなければならない。わたしが聖だからである』と書いてあるからです」。

ここで「聖さ」ということと「従順」ということが共に書かれています。ある人は聖化とは賜物だと言います。たしかに聖化とは神によって「取り分けられる」という意味においては受動的なものですが、実際には神に従順に生きるという能動的な側面があるのです。ですからペテロはここで「生活のすべてにおいて聖なる者となりなさい」と命じているのです。言い換えれば、わたしたち自身が古い生き方を捨て、キリストに従うときに聖くされていくのです。

出エジプトを導いたモーセ自身も神に従うことの大切さを、身をもって体験しました。メリバという場所に来た時、民が水を求めて神につぶやきました。神はモーセに「あなたがたが彼らの目の前で岩に命じれば、岩は水を出す」(民数記20章8節)と言われました。しかし、モーセは岩に命じたのではなく杖で2回打ったのでした。それは神がモーセに命じたことではなかったのです。そのようなモーセの不信仰にも関わらず、神は水を湧き出させてくださいましたが、神はモーセを叱りました。神がモーセに対して「あなたがたはわたしを信頼せず、イスラエルの子らの見ている前でわたしが聖であることを現さなかった。それゆえ、あなたがたはこの集会を、わたしが彼らに与えた地に導き入れることはできない」と語られました(同12節)。モーセはここで神に対する従順の大切さを身をもって学んだのです。

ここに示されるように、究極的に言えば、わたしたちにとって聖化とは神の言うことに従順に従うということなのです。

今日わたしたちも自分の心を点検しましょう。神に従っていない部分がないでしょうか。神に告白しなければいけない罪や汚れはないでしょうか。そのように霊的なチェックをしていかなければいけません。神はわたしたちが霊的に不健康であることを望まれないのです。

わたしの場合、仕事が忙しくなると不信仰になることがあります。神の思いより、自分の計画を優先させてしまうことがあります。ある時期、わたしは将来のことで色々と考え悩んでいました。そのようなとき、ディボーションの中で「明日のことまで心配しなくてよいのです」（マタイの福音書6章34節）という聖句が与えられました。神はわたしの不信仰を示し、「今日に集中しなさい」と教えてくださったのです。将来の計画を考えていくことは大切ですが、神のために今日という日を生きることが大切だと教えられたのです。

今日、神は皆さんにも取り除かなければいけない何かを語られていると思います。神のみ言葉を聞いてください。そしてその声に従ってください。クリスチャン生活は神に信頼して従うことから始まるのです。

次にペテロは「神の眼差しの中で生きる」ことの大切さを語っています。

「また、人をそれぞれのわざにしたがって公平にさばかれる方を父と呼んでいるのなら、この世に寄留している時を、恐れつつ過ごしなさい。あなたがたが先祖伝来のむなしい生き方から贖い出されたのは、銀や金のような朽ちる物にはよらず、傷もなく汚れもない子羊のようなキリストの、尊い血によったのです」(17〜19節)。

この箇所でペテロは、神の前に正しい生き方をしていくことが大切だと語っています。言い換えると、神の眼差しの中で責任ある生き方をするということです。普段、皆さんはどれだけ神を意識して生活しているでしょうか。朝起きて、仕事に行って働いて、上司やお客様を喜ばせて、遅くまで仕事をして、家に帰り、朝起きる。そのようなルーティーンの中で人生の目的を見失ってしまうことはないでしょうか。

神との関係を見失うと、生きる意味も見失ってしまいます。神こそわたしたちの生きる目的であり、神こそわたしたちが喜ばせるべき方なのです。なぜなら神は、イエス・キリストの十字架によって、虚しい生き方をしていたわたしたちを贖い、生きる意味を与えてくださったからです。だからこそ、わたしたちは神の眼差しの中で生き、あらゆる面において神を崇めることが大切なのです。

わたしたちは時に、神の導きの中で生かされていることを忘れ、自分の願いを優先させてしまうことがあると思います。神に願い求めること自体はすばらしいことです。しかし、同時に、神が用意しているご計画に信頼するということも大切なのです。

わたしがエクアドルに行った時、16歳の女性がワーシップをリードしていました。その中で彼女は証をしてくれました。「わたしはわたしの夢を、神がわたしのために抱いておられる夢と取り替えました」と話していたのです。それを聞き、わたしはとてもすばらしい証だと思いました。

彼女は、将来の夢や計画がありましたが、神が自分のために用意してくださっている将来が一番だと悟ったのです。そして自分の夢を神の夢と取り替えたと証したのです。彼女は神を第一とし、神の眼差しの中で生きる人生を歩み出したのです。

これが、ペテロが迫害の中にあるクリスチャンたちに対して伝えたかったことなのです。つまり、迫害の恐怖の中で、また先の見えない状況の中で、まず神のご計画に目をとめること、そして神のご計画に従うことです。この単純な原則をペテロは思い起こさせているのです。

もうひとつこの手紙の中で強調されていることが、「お互いに愛し合うこと」です。

「あなたがたは真理に従うことによって、たましいを清め、偽りのない兄弟愛を抱くようになったのですから、きよい心で互いに熱く愛し合いなさい。あなたがたが新しく生まれたのは、朽ちる種からではなく朽ちない種からであり、生きた、いつまでも残る、神のことばによるのです。『人はみな草のよう。その栄えはみな草の花のようだ。草はしおれ、花は散る。しかし、主のことばは永遠に立つ』とあるからです。これが、あなたがたに福音として宣べ伝えられたことばです」（22〜25節）。

時々、聖化が愛からかけ離れてしまうことがあります。聖化を求め律法主義的になってしまうことがあるのです。しかし、この箇所を読むと、聖さと愛が深く関わっていることがわかります。つまり、神に従っていくと心がきよめられ、神との関係が人生のあらゆる面に影響していくのです。そしてイエスの愛で愛し合うように変えられていくのです。

皆さんは、どのように神の愛を具現化しているでしょうか。わたしの妻は女性ミニストリーに関わっています。コロナ禍でも人々に電話をしたり、メールしたり、時に直接会って話をしていました。必要であれば、相手の家にいき、駐車場でソーシャルディスタンスを保ちながら話していたのです。そのように、愛というのは誰かと時を共に過ごしたり、励ましの言葉をかけるということで具現化することができます。ペテロがこの手紙を通してわたしたちに望んでいることは、そのように互いに愛し合うことです。

皆さんは、混沌とした世界の中で、また日々のプレッシャーの中で、神に信頼し従っているでしょうか。神の眼差しの中で生きているでしょうか。隣人を愛しているでしょうか。今、自分自身の心を点検しましょう。そして、皆さんが神の子供として生き、人生が愛で満たされるように、さらにその愛を隣人に示していくことができるように祈りたいと思います。

（文責　阿部頼義）

〈聖会III〉

その水を私にください

ヨハネの福音書 4章1～15節

永井　信義

主イエスは、スカルという町の井戸のそばに座っておられました。このサマリアの町にはヤコブの井戸がありました。イエスは疲れておられたのです。わたしは聖書のこの言葉にものすごく励ましを受けています。主イエスもお疲れになったのだと。だからわたしも疲れて良いのです。主イエスも休んでおられたのですから。

そこにひとりのサマリアの女が来ました。この女性はイエスの公生涯の早い時期に、「神を礼拝する者は霊とまことをもって礼拝しなければならない」と礼拝の本質的な事柄について教えていただいたり、ご自分がメシアであるということをイエスご自身から直接示していただくという特別な体験をしていますが、名前が記されていません。天国に行ったら会ってみたいのですが、「あのすみません。サマリアの女って呼ばれた人いますか」。「ヨハネの福音書の4章でサマリアの女と呼ばれていた方はどなたですか」と尋ねてみたいなと思います。

その後にイエスが彼女におっしゃった言葉も驚きです。「わたしに水を飲ませてください」(7節)。わたしたちものどが渇くのですが、それをイエスご自身も体験しておられたのです。イエスが、わたしたちの弱さに共感してくださるお方であったことを、わたしたちはここで知ることができます。

また、水を飲みたいと言われたことは、わたしたちにとって特別なことです。何かを飲んだり食べたりすることが、わたしたちに必要なことだということを、このイエスの言葉からわたしたちは知ることができるからです。

ルカの福音書10章で、イエスが弟子たちに伝道と宣教の心得について話をされています。「その家にとどまり、出される物を食べたり飲んだりしなさい。働く者が報酬を受けるのは当然だからです。家から家へと渡り歩いてはいけません。どの町に入っても、人々があなたがたを受け入れてくれたら、出された物を食べなさい」(7~8節)。これはわたしたちが関係づくりをする上で重要な一つのポイントです。

イエスから水をくださいとおっしゃったのです。つまりここから関係づくりが始まり、同時に主イエスは自らの弱さ、必要をオープンにされています。わたしたちの弱さや必要を隠す必要はなく、わたしたちもそれをオープンにし、周りの人たちにも、助けや支えを求めることができます。それがわたしたちのクリスチャンとしての歩みではないでしょうか。コリント人への手紙二12章9節と10節で、パウロはこのように告白しています。「しかし主は、『わたしの恵みはあなたに十分である。わたしの力は弱さのうちに完全に現れるからである』と言われました。ですから私は、キリストの力が私をおおうために、むしろ大いに喜んで自分の弱さを誇りましょう。ですから私は、キリストのゆえに、弱さ、侮辱、苦悩、迫害、困難を喜んでいます。というのは、私が弱いときにこそ、私は強いからです」。まさにこの告白のように、わたしたちも弱さの中に神が支えてくださっていることを体験することができます。そのようにしてわたしたちも同じように、「私が弱い時にこそ私は強いからです」と大胆に告白することができるのです。

　サマリアの女はイエスに尋ねました。あなたはユダヤ人なのに、どうしてサマリア人のわたしに飲み水をお求めになるのですか。イエスは答えられます。「もしあなたが神の賜物を知り、また、水を飲ませてくださいとあなたに言っているのがだれなのかを知っていたら、あなたのほうからその人に求めていたでしょう。そして、その人はあなたに生ける水を与えたことでしょう」(10節)。

　この会話には、宣教においてわたしたちが人々にイエスのことを証していくうえで、大切なことが示されています。福音宣教において会話をコントロールするのは、わたしたちではないということです。神がわたしたちに示してくださったことを、わたしたちが伝えるようにと神は願っておられるからです。「言うべきことは、そのときに聖霊が教えてくださるからです」（ルカの福音書12章12節）とある通り、わたしのうちに住んでおられる聖霊は、わたしたちが何を言うべきかをしっかりと示してくださるお方です。

イエスは、「わたしに求めなさい」と語られました。そうすると女はこのように言います。「主よ。あなたは汲む物を持っておられませんし、この井戸は深いのです。その生ける水を、どこから手に入れられるのでしょうか」（11節）。サマリアの女がイエスとの会話に引き込まれている様子が分かりますね。それまでは水と呼んでいたのが、今度は「生ける水をどこから汲むのですか」と言っています。イエスが与えられる生ける水の必要性について、彼女の心が開かれたわけです。

さらに彼女は続けます。「あなたは、私たちの父ヤコブより偉いのでしょうか。ヤコブは私たちにこの井戸を下さって、彼自身も、その子たちも家畜も、この井戸から飲みました」（12節）。歴史をとおして神がどのように働かれたのか、この井戸がどのような役割を果たしたのかを、サマリアの女はイエスに説明しました。

すると、「イエスは答えられた。『この水を飲む人はみな、また渇きます』」（13節）。さっき水をくださいと言ったイエスが、はっきりとここでおっしゃっています。「この水を飲む人はみな、また渇きます」。そしてその後にイエスが言われました。「しかし、わたしが与える水を飲む人は、いつまでも決して渇くことがありません」（14節）。この世がわたしたちに与えるものは続かないものが多いですね。

この世は、ＡＩなどでわたしたちにさまざまな情報を提供します。でもわたしたちはもう一度、イエスがおっしゃっていることにしっかりと耳を傾けていかなければなりません。

そしてさらに主はおっしゃいました。「わたしが与える水は、その人の内で泉となり、永遠のいのちへの水が湧き出ます」（14節）。泉がわたしたちの内から湧き出るというのは、その水が生きているからです。その水を求めなさいとこのサマリアの女にイエスはおっしゃったのです。

イエスは次のように言っておられます。「さて、祭りの終わりの大いなる日に、イエスは立ち上がり、大きな声で言われた。『だれでも渇いているなら、わたしのもとに来て飲みなさい。わたしを信じる者は、聖書が言っているとおり、その人の心の奥底から、生ける水の川が流れ出るようになります。』イエスは、ご自分を信じる者が受けることになる御霊について、こう言われたのである。イエスはまだ栄光を受けておられなかったので、御霊はまだ下っていなかったのである」（7章37〜39節）。

悪魔は巧みにわたしたちを騙します。特に喜んでいるクリスチャンとか、用いられているクリスチャンとか、神がこれから用いようとするクリスチャンたちを騙します。別のものでわたしたちを満足させようとするのです。神がわたしたちに与えてくださる生ける水ではなくて、ほかの水を提供しようとします。悪魔はわたしたちを別のもので満足させようとします。

わたしたちは悪魔の策略に騙されないように、イエスが与えてくださるものを求めていくことが必要です。「わたしを信じる者は」（7章38節）とある通り、信じる人の心の奥底から生ける水の川が流れ出るようになります。イザヤ書55章1節から3節に書かれています。「ああ、渇いている者はみな、水を求めて出て来るがよい。金のない者も。さあ、穀物を買って食べよ。さあ、金を払わないで、穀物を買え。代価を払わないで、ぶどう酒と乳を。なぜ、あなたがたは、食糧にもならないもののために金を払い、腹を満たさないもののために労するのか。わたしによく聞き従い、良いものを食べよ。そうすれば、あなたがたは脂肪で元気づく。耳を傾け、わたしのところに出て来い。聞け。そうすれば、あなたがたは生きる。わたしはあなたがたと永遠の契約を結ぶ。それは、ダビデへの確かで真実な約束である」。

イエスはそれを引用して、誰でも渇いているならわたしのもとに来て飲みなさいと言われたのです。では、イエスはなぜ大きな声で言われたのか。それは、さまざまな騒音や雑音が、わたしたちの気を引こうとするからです。

生ける水の川はどのような働きをするのでしょうか。「この川が流れて行くどこででも、そこに群がるあらゆる生物は生き、非常に多くの魚がいるようになる。この水が入ると、そこの水が良くなるからである。この川が入るところでは、すべてのものが生きる」（エゼキエル書47章9節）。「すべてのものが生きる」。そのように神の川つまり神がもたらしてくださる水が、どのような働きをするのかがここで表現されているのです。

まだイエス・キリストを救い主として受け入れていない方がおられるかもしれません。イエスは今日、あなたに語っておられます。「わたしのところに来て飲みなさい」。イエスがサマリアの女に指摘したかったのは、「あなたは渇いているでしょう」ということです。渇いているなら、イエスの与える水を受け取ってください。自分の罪を悔い改め、イエスは自分のために十字架にかかって死んでくださったと、わたしたちが認めて受け入れるときに、聖霊なる神がわたしたちのうちに住んでくださいます。その方が生ける水となって、わたしたちの中から溢れ出てくださる。その人が行くところで、エゼキエル書47章9節の言葉をそのまま使うと、「すべてのものが生きる」のです。

また、わたしたちクリスチャンも、教職や働き人自身も、渇いているなら、神に求めることができます。神はわたしたちを満たそうとなさっているのです。わたしたちのうちに、神が、豊かなこの水を、この夜も与えてくださるのです。

サマリアの女は、イエスに言いました。「主よ、わたしが渇くことのないように」と。今晩、神の前にわたしたちの弱さをオープンにして、イエスに求めていきたいのです。

神は、今晩わたしたちひとりひとりに語ってくださっています。「誰でも渇いているなら、わたしのところに来て飲みなさい」。わたしがあなたがたを満たそう。あなたがたがこの水を飲むなら、あなたがたのうちから命の泉が湧き出る。皆さんが行くところが潤されていく。あのアブラハムに与えられた契約のように、あなたが祝福となるので、あなたはすべての人の祝福となる。まさにその約束を、神のご契約をわたしたちが体験する。わたしたちが実感して、わたしどもの歩みを進めていくことができる。このように神が今日わたしたちに招きを与えてくださっていることを、感謝し受け止めていきたいと思います。

（文責　大井満）

〈聖会Ⅳ〉

聖なる者として歩む

コロサイ人への手紙3章12～17節

鎌野 善三

一昨日に続いて、今日も「聖会」のご奉仕をさせていただけることを感謝します。「聖会」というと、「わたしのような罪深い者が出席して良いのだろうか」と思われるかもしれませんが、キリストを救い主として信じているクリスチャンは皆、「聖徒」と呼ばれているのです。それがパウロの言う「奥義」です。「あなたがたの中におられるキリスト」があなたを変えてくださる。それが前回学んだことでした。

このことを述べたうえで、コロサイ人への手紙3章から、パウロは「聖徒」の日常の歩みを具体的に書き記します。まず1～3節で、クリスチャンはバプテスマを受けたとき、古い自分に死に、新しい自分によみがえったことを確認します。クリスチャンは、キリストの死と復活を同じように経験した者であることは、ローマ人への手紙6章に詳しく書かれていることはご存じでしょう。そして5節で命じます。「ですから、淫らな行い、汚れ、情欲、悪い欲、そして貪欲を殺してしまいなさい」と。死んでいるのだから殺せ。文脈を知らないなら、恐ろしい表現ですが、パウロは、「あなたは信仰によって古い自分に死に、新しい人にされた。だから昔の生活を繰り返すな」と言いたかったのです。では、新しい人の歩みはどういうものなのか。それは次の三つにまとめられるでしょう。

1　着るべき着物がある

パウロは9節、10節でこう書いています。「古い人をその行いとともに脱ぎ捨てて、新しい人を着たのです」と。脱ぎ捨てるとは、きっぱりノーと言うことです。死ぬことです。ではどう生きるのか。それが12節です。「あなたがたは神に選ばれた者、聖なる者、愛されている者として、深い慈愛の心、親切、謙遜、柔和、寛容を着なさい」。スクリーンにこの聖句が投影されているのでご一緒に読んでみましょう。これを見て、「自分はある程度、このような品格をもっている」と思われる方もおられると思います。すばらしいことです。でもそれは、他の人と比較してのことですね。このスクリーンは白色に見えます。しかし、このようにより強い光があたるとき、当たらない場所は黒く見えるのです。

わたしたちの中におられるキリストとの交わりがあるなら、キリストの光、聖霊の光が強く差し込みます。そうすると、自分は正しい者と言うことなどとてもできません。自分の心の闇がわかってくるからです。だから聖書は言います。「わたしたちが、神が光の中におられるように、光の中を歩んでいるなら、互いに交わりを持ち、御子イエスの血がすべての罪からわたしたちをきよめてくださいます」（ヨハネの手紙第一１章7節）。キリストが内住されるなら、気づかなかった罪が示されます。キリストの光がより強くなるからです。罪が示されたなら、それを正直に告白し、御子イエスの血を仰ぎましょう。そのとき、主はその罪を赦し、「すべての罪からわたしたちをきよめてくださいます」。

わたしたちは「神に選ばれた者、聖なる者、愛されている者」です。キリストが内住しておられるなら、キリストがわたしたちをきよめてくださいます。良いサマリヤ人のように、苦しむ人をかわいそうに思う「慈愛の心、親切」が与えられます。神の御姿であられるのに人間と同じようになられたキリストのように、「謙遜、柔和」な人とされます。そして、自分を十字架につける人のためにさえ祈られた「寛容」を着ることができるのです。キリストが内住しておられることを信じ、聖霊によって主の生涯を思い起こしつつ生きるとき、次第に主と同じ姿に変えられていきます。人によってその時間の長短はあるでしょう。でもキリストがわたしたちの中におられるなら、この方がそう変えてくださるのです。ただ、この約束があるにも関わらず、意識的にそれを受け入れない人も、時におられます。

マタイの福音書22章11〜13節には、婚礼の席に招かれていながら礼服を着ていない人を、招いた王が追い出したという譬え話が述べられています。この人は、礼服を持っていなかったのではありません。王は礼服を用意していたのですが、彼はあえてそれを着なかったのです。与えられているにも関わらず、着なかったことが問題だったのです。キリストはわたしたちの中におられ、着るべき着物を提供してくださっている。それなら、感謝してそれを身に着けようではありませんか。

確かに「互いに赦し合う」ことはむずかしいです。でもパウロは言います。「主があなたがたを赦してくださったように、あなたがたもそうしなさい」。主の祈りにもありますね。「われらに罪を犯す者をわれらが赦すごとく、われらの罪をも赦したまえ」。光なるキリストと共に生きるときに示された罪を、主は何度も何度も赦してくださった。それなら、わたしたちも赦せるのではないでしょうか。これこそ、愛を結びの帯として着けることです。キリストという木の幹につながる枝は、聖霊という樹液をいただいて、愛、喜び、平安などの実を結ぶことは、聖書の約束です。ただ、実を結ぶまでにかかる時間は、人によって様々ですので、自分の基準で人を裁いてはなりません。

「朱に交われば赤くなる」という格言はよくご存じでしょう。聖書に基づくなら、それは「主と交われば聖くなる」と言い換えられます。キリストとの交わりの時間を持てば持つほど、古い自分の姿が見えてくる。しかし悔い改めてその汚れた衣を脱ぎ捨て、主から与えられる着物を着るなら「新しくされ続け」ます。毎日毎日、毎時毎時、毎分毎分の主との交わりが、あなたを聖なる者へと造り変えるのです。

2　語るべきことばがある

さらに16節をご覧ください。「キリストのことばが、あなたがたのうちに豊かに住むようにしなさい」。これは、8節の「怒り、憤り、悪意、ののしり、あなたがたの口から出る恥ずべきことばを捨てなさい」と対照的な関係にあります。8節を捨てて、16節を求めるのです。聖書には、キリストのことばが記されていますね。ではキリストのことばが「豊かに住む」とはどういうでしょうか。それは、毎日、聖書を読み続けることです。

わたしは小学校1年生の時から、毎日1章ずつ、声を出して聖書を読むように母親にしつけられました。小学校で「さいた、さいた、さくらがさいた」と学んでいる頃に、「はじめに神が天と地とを創造された」と読まされていたのです。その後、今に至るまで、聖書を毎日1章ずつ読んできました。そしてこの習慣が、わたしの信仰生活を深めてきたのです。

もう30年近く前のことですが、そのころ仕えていた教会で、聖書を通読することを教会員にお勧めしました。するとある方が、「先生、聖書通読は今までに何度かやってきましたが、読む内容がむずかしくてなかなか最後までいきません。その日の聖書箇所をわかりやすく解説してもらえませんかね」と言われたのです。そこで、一章をわかりやすく解説した3分間メッセージを毎日テープに吹き込み、いつでも電話で聞けるようにしました。そして3年3か月ほどかけて、聖書全巻を通読したのです。その方は初めて通読できたので大喜び。40名ほどの教会員もこの通読をやり遂げました。これによって、多くの信徒の信仰が深まったことは明らかでした。通読した信徒から、「仕事で聞けない時があったので、二巡目はぜひ文字にして残してほしい」という要望もありました。そんな経緯で生まれたのが『3分間のグッドニュース』という本です。

聖書は神のことばです。キリストのことばです。それを毎日毎日読み続けることによって、「キリストのことばが豊かに住む」ようになります。礼拝は1週に一度の養いの時、ケズィックは1年に一度の祝宴の時です。どちらもすばらしい恵みの時です。しかし、年に一度、週に一度だけ、恵みにあずかるだけで十分なのでしょうか。「恵みがあなたを保つ」とは、毎日毎日、主のことばを読んで、その恵みを感謝して生きることです。荒野のマナのように、その日に必要な神の導きをいただき、それを食して蓄えるなら、キリストのことばが、キリストご自身がわたしたちの中に住んでおられることが明確になります。苦難に直面した時には、「試練とともに脱出の道を備えていてくださる」というみことばが思い出され、与えられた仕事の重さに圧迫される時には、「あなたの重荷を主にゆだねよ。主があなたを支えてくださる」と励まされます。突然の悲しみがあっても、「常に喜べ、絶えず祈れ、すべてのことを感謝せよ」と力づけられる。そういう経験をした方は決して少なくありません。何よりも、「わたしは世の終わりまで、いつもあなたがたとともにいます」という主イエスのことばが迫ってくるのです。

「キリストのことば」が内にあるなら、あなたが語る言葉によって励まされる人が周囲に生まれてきます。逆に、「怒り、憤り、悪意、ののしり」の言葉はどんどん少なくなってくるでしょう。「手のひらを返すように」変えられるわけではないかもしれません。しかし、一日を振り返った時、「恥ずべきことば」が口から出なかったと気づかれる日が必ず来ます。キリストがあなたの内におられるからです。自分の力によってではなく、キリストの恵みによって、そのように変えられるのです。

3　歌うべき賛美がある

16節の後半にはこう記されています。「詩と賛美と霊の歌により、感謝をもって心から神に向かって歌いなさい」。先ほどのワーシップリーダーの方々は、決して皆さんに美声を聞かせたいから歌っておられたのではありません。「神に向かって」歌っておられた。罪の中にあった自分が、今は神に感謝できる者へ変えられた。「この身の汚れを知れるわれ」だからこそ、「驚くばかりの恵み」を賛美しないわけにはいかないのです。

詩篇は、賛美の集大成だと聞きます。そこには、喜びの歌だけではなく、悲しみの歌、罪を告白する歌、救いを求める歌、中には敵の滅びを求める歌もあります。それはまさに現実の人間の魂の叫びでした。神への祈りでした。神のことばを聞いた後、それに応答する正直な声です。これこそ、神との交わり、キリストとの交わりと言うことができます。聖書を読んで神の声を聞き、祈りをもってそれに応答する。これができるのは神の恵み以外のなにものでもありません。この恵みがあなたを保つのです。あなたを聖なる者に変えるのです。あなたの行いが、あなたの努力が、あなたを変えることはできません。神の恵みを信じる信仰が、あなたを聖くするのです。

メッセージの前に、「善き力にわれかこまれ」という讃美歌21 469番を歌っていただきました。これは、ドイツ人の牧師であり神学者であるディートリヒ・ボンヘッファーが作詞したものです。彼は第二次世界大戦中、ナチスによって捕らえられ、処刑されました。この詩は、コロサイ人への手紙と同じく、獄中で記されたことを心に留めてください。

善き力に　われかこまれ、　守りなぐさめられて、
世の悩み　共に分かち、　新しい日を望もう。
過ぎた日々の　悩み重く　なお、のしかかるときも、
さわぎ立つ　心しずめ、　みむねにしたがいゆく。

善き力に　守られつつ、来たるべき時を待とう。
夜も朝も　いつも神は　われらと共にいます。

（日本基督教団讃美歌委員会著作物使用許諾第５２９２号）

たとえ獄中でも、彼は善き力に囲まれていると確信していました。「神は共にいます」という確信が彼にあったからです。彼の中におられたキリストは、パウロの中におられたキリストは、今、わたしたちの中にもおられます。

〈聖会Ⅴ〉

霊的成長への招き

デビッド・オルフォード

ペトロの手紙 一 2章1～10節

今晩のテーマは、神の恵みにしっかりと立って、わたしたちは成長しなければならないということです。神はわたしたちが恵みに成長し続けるものであることを願っておられます。ペトロの手紙二はそのことが中心的な全体のテーマの中で書かれているのですが、今日はこの第一の手紙の中からそのことについて学ばせていただきたいと願っています。

ペトロは、厳しい迫害の中に置かれているキリスト者たちにこの手紙を書いています。そのような迫害や多くの困難の中で一番大事なことは、主との交わりの中に成長していくということです。2節に鍵の言葉があります。ここでペトロは「生まれたばかりの乳飲み子のように」と言います。それは未熟ということではありません。「乳飲み子のように」とは、慕い求める切なる願いを持っている、ということです。神は、わたしたちが神のみ言葉に対して慕い求める心を持っていることを願っておられるのです。なぜならわたしたちは、そのみ言葉によって育っていくからです。ですからわたしたちが切なる願い求め、慕い求めを持っているということが、まさにこの夜の鍵なのです。

日本に来る前にエクアドルでわたしは1日病気になりました。そのため食欲がない時を過ごしました。もしわたしたちが病気だったら食欲がないでしょう。もしわたしたちが霊的に病んでいるとしたら、もし神から遠く離れているとしたら、神に対する熱意を失っているとしたら、わたしたちは神に対する慕い求めを失ってしまいます。そして神からみ言葉によって養っていただきたいという願いを失ってしまうのです。わたしたちは日々神のみ言葉への慕い求めを持ち続けていく中で、日々神によって訓練され造られていきます。

1　霊的成長には悔い改めが必要である。

まず1節から見ましょう。「だから、悪意、偽り、偽善、ねたみ、悪口をみな捨て去って」とあります。この夜の第一番目のポイントはわたしたちの霊的成長のためには、悔い改めが必要だということです。

ここでは特にみ言葉を受け取るということの中でホーリネスについて語られています。罪はわたしたちの霊的成長の邪魔になります。わたしたちは間違った思いを持ってみ言葉に近づくことはできません。わたしたちの歩みの中に悪意、偽り、偽善、ねたみがあったら、他の方向に向きを変えたいと思います。わたしたちの人生は良い動機に満たされていたいのです。神のみ言葉に対して正直な心で、偽善ではなく真実な思いで、ねたみではなく謙虚な思いで近づかせていただきたいのです。このような言い方があります。「罪は聖書からあなたを遠ざけ、聖書は罪をあなたから遠ざける」。この言い方には多くの真理があると思います。使徒ペトロはわたしたちの成長の邪魔になるものを遠ざけるようにと勧めるのです。

神に近づくためにそのようなものから離れる必要があります。わたしたちは神のみ言葉を最善のものとして受け止めたいのですが、そのためにはわたしたち自身がきれいな空っぽの器である必要があります。ここにはまた、「混じり気のない霊の乳」と書いてありますが、「混じり気のない霊の乳」を受け止めるために、わたしたちの心の歩みはいつも悔い改めの連続であるべきです。

みなさんは、最初の悔い改めはイエスを信じるときになさったことでしょう。けれどもわたしたちが神との正しい歩みの中に留まり続けるためには、悔い改め続ける必要があります。もしわたしたちの生涯に間違ったことがあるならば、それをきちんと正す必要があるのです。悔い改めがわたしたちに、神のみ言葉を聞くという道を開くのです。ですから霊的成長のためにはどうしても悔い改めが必要です。

2　霊的成長のためには飢え渇きが必要である。

「生まれたばかりの乳飲み子のように、混じりけのない霊の乳を慕い求めなさい。これを飲んで成長し、救われるようになるためです。あなたがたは、主が恵み深い方だということを味わいました」（2～3節）。

元気で健康な赤ちゃんは食欲があります。わたしは日本に来てたくさんのご馳走をいただきました。多分体重が増えていると思います。わたしたちは食べすぎてはいけないのですが、み言葉の食べ過ぎはありません。わたしたちはみ言葉によって養われなければ生きていけないからです。ペトロは「味わい、見よ、主の恵み深さを」（詩編34編9節）の言葉を引用しています。皆さんは今までに神が恵み深いことを味わったことがあります。その恵みに固く立っていくのです。そしてわたしたちは霊的に成長していくのです。その霊の乳である神のみ言葉によってわたしたちは養われていくのです。今晩皆さんは、おっしゃるかも知れません。「わたしには慕い求める、切なる渇きはないな」。それは本当に正直でいらっしゃると思います。

いくつか皆さんにお勧めしたいことがあります。神が皆さんにしてくださった良いことをもう一度振り返り、思い返してみてください。皆さんの生涯の中に特別なみ言葉が語られてきたかも知れない。そこに戻ってみてください。そしてその霊的な成長を妨げるものから離れてください。今晩、聖霊があなたにもう一度新たな飢え渇きを与えてくださるよう求めてください。特にわたしたちは神のみ言葉に対する飢え渇きを必要としています。また神を礼拝する飢え渇きと、神の民である兄弟姉妹との交わりに対する飢え渇きが必要です。神のみ言葉をわたしたちの生涯の真ん中におきたいのです。主の恵みにあって成長していきたいと願う人々と共に聖書を学んでください。

わたしは今日も皆さんのために祈りたいと思います。神が新しくみ言葉を学びたいという飢え渇きを与えてくださるようにと。もっともっと神を知るためです。もっと主を愛し、主との愛の中で育っていくためにみ言葉を学びたい、もっと神に忠実に仕えていきたいという飢え渇きです。

聖書にはさらにすばらしい真理が語られています。ペトロの手紙の中のクレッシェンド、盛り上がりを表しているようです。クリスチャンとして成長しているいくつかの様子をここから学ぶことができるでしょう。成長しているクリスチャンがどういう者なのか、このところから見ていきたいと思います。

3　成長しているクリスチャンは主イエスに繋がっている。

恵みに成長しているクリスチャンは、主イエス・キリストに忠誠を尽くしています。ここでは主イエス・キリストのことを「生きた石」と言っています。神にとっては選ばれた尊い石、でも人から見捨てられた生きた石です。そしてペトロはわたしたちのことも生きた石、と言っています。

皆さん、自分が生きた石だと知っていましたか。主イエスもわたしたちも生きた石なのです。そこにイエスとわたしたちの深い繋がりがあります。ここでイエスを受け入れた人たちと、拒んだ人たちとの大きな差が書かれています。わたしたちはまさにイエスと一つにされています。人々がイエスを拒んだように、わたしたちも拒まれることがあるのです。しかしそれはイエスに忠誠を尽くしているから、信仰によってイエスと繋がっているから、イエスに起こったことがわたしたちにも起こるのです。そしてわたしたちがイエスと近くあればあるほどわたしたちは霊的に成長していくのです。

本当の霊的な成長はイエスと繋がっている時に起こります。ますますイエスに忠誠を尽くして生きる者へと造り変えられていくのです。4節に「この主のもとにきなさい」とあります。わたしたちは主のもとに来ました。わたしたちの焦点はいつもイエスにあります。わたしたちはイエスにこそ、自分を献げて生きるのです。イエスと自らを重ねていく。それは多くの犠牲を伴うかも知れません。ですからわたしたちが霊的に育っていこうとしたら、イエスと繋がり、共に生き、忠誠を尽くしていくのです。今晩覚えてください。みなさんは「生きた石」です。それはイエスご自身が生ける石と呼ばれたからです。イエスは建物全体の隅の親石です。イエスにあって成長していく人は同時にホーリネスに成長していきます。

　ここでは別の言い方をしていますが、霊的な家のたとえを用いて、5節「あなたがた自身も生きた石として用いられ、霊的な家に造り上げられるようにしなさい。そして聖なる祭司となって」と言います。本当にすごい真理がここにあります。

　だれが建物を建てるのでしょうか。わたしたちは共に建て上げられるのです。そしてわたしたちは祭司とされるのです。イエスがわたしたちを建て上げてくださるのです。個人として、お互いが組み合わされるようにして造られていくのです。他のところでもイエスはおっしゃいました。「わたしはこの岩の上にわたしの教会を建てる。陰府の力もこれに対抗できない」と。

　わたしは成長したいのにできないと思うかも知れませんが、神がこのことをしてくださいます。成長することは、神がわたしたちを召された目的だからです。旧約聖書の祭司のようにではなく、キリストにあって生かされてわたしたちの生活の全てが礼拝に、霊的なささげ物に、神をたたえる唇に、神の恵みと憐れみにお応えして、わたしたちの生活全てが聖なるものとされていかなければならないのです。わたしたちがするすべてのことにおいて神を礼拝するのです。それはわたしたちがイエスと繋がっているからです。5節に「霊的ないけにえを、イエス・キリストを通して献げなさい」とあります。そのことをイエスがさせてくださるのです。

　さらにペトロは、迫害の中にあるキリスト者たちに対して、わたしたちは神の前には特別な者なのだと言うのです。9節で、あなたがたは選ばれた民だ、王の祭司だ、聖なる国民だ、神のものとなった民だと、神ご自身がわたしたちに言ってくださるのです。イエスと繋げられて、キリストに対して忠誠を尽くすことによって、あなたは神の民だと言ってくださるのです。

そしてその後どうなるのでしょうか。「それは、あなたがたを暗闇の中から驚くべき光の中へと招き入れてくださった方の力ある業を、あなたがたが広く伝えるためなのです」（9節）。神はわたしたちを暗闇の中から明るみに引っ張り出してくださいました。かつては神の憐れみを受ける者ではなかったけれども、今は神の憐れみを受ける者となりました。そして神の恵み深さを味わいました。わたしたちは神のものです。

わたしたちには世界に対して、神が、イエスが、どんなにすばらしいお方であるか、わたしたちの生涯にしてくださったすばらしいことを証していく仕事があります。わたしたちはそのためにもう一度自分を神にお献げしたいと思います。イエスの証人として生きる献身です。

どうやってそれができるでしょうか。それは聖霊の導きに従うことであり、イエスを証する機会を求めていくことです。キリストにあるあなたの生涯の証を書いてみてください。そしてそれをコピーしてお友達にあげたり、メールで送ったり、フェイスブックや他のソーシャルメディアに載せるなどしたらどうでしょう。あなたのことを知っていても、あなたの証を聞いたことがないかもしれないのです。ある牧師は自分の教会のすべての人に自分の証を書いてもらい、召された時にはその人の証をお葬式で読むことをしています。

ここでペトロはそういうことを言っています。神がわたしのためにしてくださったことをわたしたちの中だけに留めていてはいけません。わたしたちは神が、イエスが、どんなにすばらしい方かを語る、この世に向かって宣言するのです。

4 わたしたちは救いに向かって成長している。

もう一つのことを短くお話ししたいと思います。ここでペトロは、わたしたちは永遠の救いに向かって成長していると言います。わたしたちは信じて救われました。そして神がわたしたちを守り、きよめ続け、救い続けてくださっています。そしてわたしたちがイエスと顔と顔とを合わせてお会いする時に、わたしたちの救いは完成します。ペトロは旧約聖書を引用して言います。イエスを信じる者は決して失望することはない、辱められることはない。神は決して失敗しないのです。わたしたちは、信仰のゆえに拒まれることがあっても、キリスト者であるゆえに人々から笑われるようなことがあったとしても、神は、イエスは決してそういうことはなさらない。そしてこの方は真実な方でわたしたちを確実に永遠の救いへと導いてくださいます。わたしたちがこの方を信じるときに、確信を持って立つことができるのです。

（文責　羽佐田和世）

〈女性セミナー〉

聖なる御翼の陰

ルース・コフィ

詩編17編1～9節

わたしを歓迎してくださった皆さんに感謝いたします。2016年に初めて日本にまいりましてから、今回は三度目の来日です。わたしのコンピューターには、今までの思い出がたくさん保存されています。

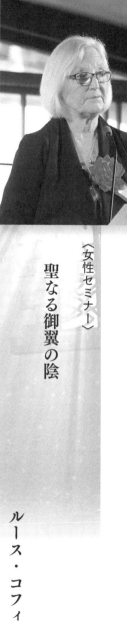

わたしにとって非常に意義深いものとなった歌があります。時として、わたしたちが受洗したときの歌は特別なものとなります。わたしにとって、自分がクリスチャンになったときに聞いた賛美は特別でした。これからご紹介する歌は、わたしの生涯において特別な歌となりました。

グラハム・ケンドリックは、多くの曲を作りました。その中の一つ、「シャイン　ジーザス　シャイン」を皆さんもご存じでしょう。これから紹介するのは、彼の最新の歌で、友人と一緒に作ったものです。これは、神の許に隠れ場を得るという歌です。「Holy Overshadowing（聖なる御翼の陰に）」という題です。あなたが神から逃げていると感じる時、あるいはあなたが困難な状況に置かれている時があるでしょう。これからその歌を紹介します。

わたしの上にあなたの憐れみの翼を広げ
わたしの心を真の謙遜さで守ってください。
どんな闇の影も押し入って来ないように。
あなたの聖なる御翼のもとにある　聖なる御翼の陰だけです。

いかなる隠れ場も探しません。
神だけを求めます。
いかなる隠れ場も救いとはなりません。あなたの御座の下にだけ救いがあります。
十字架だけに救いがあります。
わたしの罪を洗うために流された血潮にだけ救いがあります。
あなたの聖なる御翼のもとにある　聖なる御翼の陰だけです。
あなたはわたしの盾です。わたしの栄光です。

あなたはわたしの頭をもたげてくださいます。
嵐がわたしの周りで荒れ狂っても
わたしはそのただ中で安全です。
聖なる御翼の陰で

わたしの背には　大変なあまり背負えないという荷はひとつもありません。
あなたがわたしに担うようお命じになっている楽な荷だけです。
これらの困難が過ぎ去るまで　わたしの心は賛美します。
聖なる御翼の陰を褒め称えます。
あなたの聖なる御翼のもとにある　聖なる御翼の陰だけです。

あなたはわたしの盾です。わたしの栄光です。
あなたはわたしの頭をもたげてくださいます。
嵐がわたしの周りで荒れ狂っても
わたしはそのただ中で安全です。
聖なる御翼の陰で

あなたの御翼の下で
御翼の陰で

（私訳：新川代利子）

これまでの6か月間、わたしにとってこの歌は意義深い歌となりました。主人とわたしは毎日、詩編を読むことを常としています。詩編の多くは、ダビデによって作られたもので、嘆き悲しみが記されています。ときには励ましとなる詩もあり、避難している人たちや、失望している人たちのことに言及しています。

詩編36編8節には逃れ場に身を寄せることが書かれており、91編4節には「神は羽をもってあなたを覆い　翼の下にかばってくださる」とあります。57編1節には「わたしの魂はあなたを避けどころとし　災いの過ぎ去るまで　あなたの翼の陰を避けどころとします」とあります。きょうのテキストである詩編17編8節は、「あなたの翼の陰に隠してください」と述べています。

申命記32章には、モーセの歌があります。イスラエルの子らが荒野に出て行った後のことです。鷲が巣を揺り動かし、雛の上を飛び翔り、雛たちを翼に乗せて運ぶように、神が世話をしてくださったことをモーセは歌っています。40年という長い旅路の間、イスラエルの民を神は支えてくださり、彼らを翼の上に持ち運んでくださいました。

逃れ場に来るクリスチャンのことが歌われた一つは、1763年にアウグストゥス・トップレディが作った「千歳の岩よ、我が身を囲め」という賛美です。嵐の間、彼は隠れなければならず、英国のブリングトン山腹の峡谷の岩の裂け目に隠れ場を得たと言われています。

わたしたちは数年間フランスに住んでいましたが、日本の北海道のように、豪雪や吹雪で気候が激しく変わることがありました。もしそのような嵐に見舞われたら、それが過ぎ去るまで避難する場所を見つけることが最善です。多くの人々が、嵐の中をそのまま進み続けたために命を失ってしまいました。

この隠れ場や御翼の陰というテーマに注目していると、二つの大切な点に気がつきました。第一は、それは神の約束であること、第二は、わたしたちには責任があることです。

1　神の約束

詩編の記者は、神はわたしたちの避けどころであり、力である（新共同訳では詩編46編2節）と言い、また、神は砦である（詩編91編2節）と言っています。砦と聞くと、皆さんはがっしりとした建物を想像すると思います。先週、わたしたちは大阪城を取り囲んでいる城壁を見ました。大きな石で築かれた立派な城壁で、門をくぐってその中に入ると誰でも安全です。

詩編91編4節の御言葉がわたしの愛誦聖句です。「神は羽をもってあなたを覆い」とあり、神は、隠れるためにわたしたちにとって安全な場所を約束しておられます。羽をもって覆っている鳥と、翼の下に隠れ場を見出しているこの絵は、モーセの歌（申命記32章10〜11節）に見たように、わたしたちを支え、励ますと同様に、守っていることを語っています。ダビデは、羊飼いの少年として、野獣から羊を守ってきました。嵐や風や過酷な自然現象から羊を守るために安全な場所を確保しなければなりませんでした。自然にできた洞窟の中に、動物たちをかくまいました。また後にサウルが彼を殺そうとした時、自分自身のために隠れ場を求めなければなりませんでした。隠れ場があることは、わたしたちの大きな力となります。安全な隠れ場です。これが神がわたしたちに与えると約束くださっていることです。

2　わたしたちの責任

わたしたちが守られるには条件がありますが、わたしは重要点を三つ挙げたいと思います。まず第一は、わたしたちは神を信頼しなければならないということです。もう一度詩編17編5節を見てください。「あなたの道をたどり　一歩一歩、揺らぐことなく進みます」。わたしたちは一歩一歩確実に踏んで行かなければなりません。その時わたしたちは、神を信頼していなければなりません。詩編91編

1節に「いと高き神のもとに身を寄せて隠れ　全能の神の陰に宿る人よ」とあります。神の許に隠れ場を得るには、わたしたちは神を信頼していなければなりません。「わたしの魂はあなたを避けどころとし　災いの過ぎ去るまで　あなたの翼の陰を避けどころとします」(詩編57編2節)。わたしたちは、このお方が神であると知るべきです。力に満ち、決して揺らぐことのないお方です。天と地を創造されたお方です。良き羊飼いです。世界の救い主であられます。ですから、そのお方に信頼することがわたしの責任だと思います。

二番目に注目したいのは、神を呼ぶことです。「あなたを呼び求めます　神よ、わたしに答えてください。わたしに耳を傾け、この訴えを聞いてください」(詩編17編6節)。多くの場合、わたしは他の人に目を向けます。時々、他の人に助けを求めることはやさしいことです。自分の力で解決を見出そうと試み、努力します。あらゆることをやった結果、すべてが失敗に見えて、最終的にわたしは神に向きます。「主よ、正しい訴えを聞き　わたしの叫びに耳を向けてください。わたしの唇に欺きはありません」(詩編17編1節)。ダビデは、彼の声を聞き、欺きの唇から出たのではない彼の祈りに耳を傾け、見てくださるように神に求めています。神を呼び求めることは非常に重要なことなのです。わたしの歩みはいつも神の前にあるのだということに心を留めることが大事です。

そして三番目に、神の御許で休むことです。御翼の陰という絵は興味深いです。なぜなら、陰が形作られるには、光源があることが必要です。あなたが光源に近づけば近づくほど、陰はより大きくなります。モーセが歌った絵は、雛を世話する鷲を描いていますが、それは神に非常に近い関係、親密な関係にありました。遠くからではなく、親鳥は雛たちのすぐ近くにいなければなりません。

わたしには四人の息子たちがおり、今はもう四人とも成長しています。そして11名の孫がいます。もしあなたがおばあちゃんであれば理解できると思いますが、子供たちに言ったことを今度は孫たちにも言っています。孫たちにわたしはよく「わたしの目を見ているのよ」。「先に走って行ってはだめよ。わたしの手を取ってわたしの近くにいるのよ」と言います。昨年、わたしは義理の娘のハンナと二人の孫たちと一緒に、大きさで有名な砂浜に行きました。平坦な砂浜で、そこは潮が非常に速く満ちてくる場所であり、柔らかな砂で沈みやすい場所として知られていました。その浜辺を散歩することにしました。孫たちがわたしの近くに留まっていて、わたしの呼ぶ声を聞けるようにしなければならないと、彼らに言いました。わたしは、強風の騒がしい音がわたしの声をかき消していることに気が付かなかったのです。またラブラドール犬を飼っているのですが、この犬はわたしの言うことを決して聞かないのです。孫たちはこの犬について走ったのです。わたしは大きな声で呼びましたが、何の返事もありませんでした。わたしは大声で叫びましたが、彼らは走り続けていました。わたしにできる唯一のことは彼らのところに走って行くことでした。その子たちの母親も走り出しました。その子たちの一人が、沈みやすい砂に足を取られているのに気が付きました。それを見て、わたしは力の限り走りました。幸いその子は助かり、すべてはうまく終わったのですが、その出来事はその後、孫たちの態度を変えました。わたしたちは隠れ場である神と近くあるべきです。

わたしたち家族は、挑戦に満ちた1年を過ごしました。病になり、家族の死別があり、転居がありました。そして主人の引退がありました。ですから、先ほど紹介したその歌は、わたしにとって非常に大切になりました。それはわたしに、神が隠れ場であり、守り手であることを思い起こさせてくれたからです。同時にそれは、わたしにわたしの責任を思い起こさせました。神がなしてくださった約束にどこまでも信頼することです。自分の方法でやるのではなく、神を呼び求めることです。そして、神の御許に身を置いて安らぐということです。

あなたにとって2022年はどうだったでしょうか。パンデミック（世界大流行）は、大きな挑戦であり制限が課せられました。わたしたちが教えていた大学でも、教え方が大きく変わりました。教室ではなく、学生たちはテレビの画面に向かいました。チームでズームに取り組まなければなりませんでした。買い物もチャレンジでした。何人で行くか、どこに買いに行くか、何を買うか、人々と会うことも集会を持つこともチャレンジでした。家族が会ったり、友人と会ったりすることもチャレンジでした。わたしたちの多くが寂しい思いをしました。皆さんの中の幾人かは体調を崩されたことでしょう。病院にいる方をお見舞することも課題がありました。教会にも大きな変化が起こりました。テレビの画面に向かって話をし、お茶の交わりをしました。わたしたちのチャレンジは、この2023年をどのように乗り切っていくかです。

先ほどこの歌を書いたグラハム・ケンドリックは言っています。わたしたちがどこに行っても困難に直面する時、わたしたちは神の許に走って行きますか、それとも神から逃げて行きますか。神の「聖なる御翼の陰」の絵を思う時、わたしの心に浮かぶのは、傷ついた子供を両手を広げて抱く場面です。言葉だけでなく、両手で覆ってあげることです。もしかしたら今皆さんは、神が御手であなたを覆ってくださることを必要としているかもしれません。自分の課題に自分の力で何とかしようと苦闘しているかもしれません。神にもう一度愛していただきたい、守っていただきたいと思っておられることでしょう。安全な逃れ場にいる経験を必要としているかもしれません。神がわたしたちの求めに応えるには、多くの時間を要しません。なぜなら、神は他のいかなるものよりもわたしたちを愛しておられるからです。わたしたちが必要なことは、ただ神を呼び求めることだけです。

神はわたしたちのために最善をなしてくださいます。わたしの祈りの後でもう一度あの歌を聞いてみましょう。聞きながらどうぞ神と話してください。もしかしたら、友だちにあなたのためにお祈りしてほしいと思うかもしれません。わたしの家族の中で、神を必要としている者がいます。わたしはいつも祈りの中で、その人を神の前に持ち出します。では、お祈りをいたしましょう。

（文責　新川代利子）

〈教職セミナー〉

試練の中でどのようにキリスト者として生きるか

デビッド・オルフォード

エフェソの信徒への手紙6章19～20節
ペトロの手紙一3章8～18節、22節～4章2節

この1年近く、わたしは、ペトロの手紙一を学んできました。その理由の1つは、苦しみや迫害について扱われているからです。世界中で福音に対する敵意が増し加わる中、わたしは様々な場所で、ここから説教をしています。

今日の箇所は、敵意にどう向き合うかを扱っています。それは、悪に対して悪をもって報いず、祝福をもって報いる、ということです。今日、SNSの投稿に人々はすぐに反応し、非常に厳しい言葉を返しますが、それは決して人を助けることはありません。神はわたしたちを、祝福する生き方へと召しておられるのです。

わたしがニューヨークにいた時、フェスト・コベンジャリーというウガンダから来た牧師が説教を

してくださいました。ウガンダでは、アミン大統領が非常に残酷な弾圧を行っていました。しかし、その牧師は神に仕える忠実な僕でした。何度も危険な目に遭いましたが、なんと『わたしはアミン大統領を愛しています』という本を書いたのです。

また、わたしには親しい牧師の友人がいます。ある日、その教会で影響力を持っている人が彼に近づいてきて、言ったそうです。「わたしはあなたを牧師とは認めない。あなたに出ていってほしいと思っている」。皆さんだったらどう反応するでしょうか。この人はすばらしい牧師でした。「わたしはあなたを愛します」と答えたのです。

わたしたちは、聖霊に頼り、愛をもって応えることを学ばなければなりません。人を祝福し、反対者にも手を差し伸べる生き方をしたいと思うのです。このことをペトロはイエスから学びました。イエスは、迫害されるときは喜べとおっしゃいました。天における報いは大きいからと。ここでペトロは、詩編を引用しています（ペトロの手紙一3章10～12節）。悪を離れ、善を行いなさい。なぜなら、正しい者に主の目が注がれているから。正しい者の祈りに神の耳は開かれているから。わたしたちが敵意に向き合うとき、祈りの中で、悪をもって悪に報いない、という決断をします。会衆にも、人々を祝福して生きるよう励ましてほしいと思います。たとえそれがむずかしいときでもです。

2つ目に、祝福するだけではなく、善を行うように、と言われています。わたしたちは、様々な試練の中で、否定的に反応してしまうことがあります。しかし、クリスチャンは、神の御旨を行い続けるべきです。イエスがその模範です。ペトロの手紙一2章20～24節にそのことが書かれています。わたしたちが苦しみの中で善を行うのは、神に喜ばれることです。そうすれば祝福され、わたしたちを通して神の祝福が注がれるのです。だから、わたしたちはイエスの模範に、喜んで従っていきます。

さらに、3章14節後半に「恐れたり、心を乱したりしてはいけません」とあります。今日、多くの人たちは恐れにとらわれています。人々を恐れ、状況を恐れます。しかしクリスチャンは、恐れてはいけないのです。偉大な神を信じて生きているからです。わたしたちは牧師として、信仰に生きるよう、会衆を導かなければなりません。人々は、困難の中で励ましを必要としています。わたしたちは、父なる神の恵みを知り、聖霊による救いを知り、キリストによる贖いを知るのです。このお方が、わたしたちの生涯を導いてくださいます。

2章21節にこのように書かれています。「あなたがたが召されたのはこのためです」と。わたしたちが主の道を歩むとき、様々な危機、様々な反対が起こることがあります。そのとき、神は、あなたがそこを通っていくようにと、あなたを召しておられるのです。そして、そこを通るのに十分な恵みが注がれています。だから、わたしたちは恐れる必要はないのです。

けれども、今日お話ししたいと思っている一番大事なことは、3章15節以下です。「心の中でキリストを主とあがめなさい。あなたがたの抱いている希望について説明を要求する人には、いつでも弁明できるように備えていなさい」。

わたしたちが恐れに対処する方法の一つは、自分を完全に神に委ねるということです。わたしたちが自分を神にささげ、キリストを崇め、その思いがわたしたちの内に根づくとき、それはわたしたちの心配事を超えていきます。あなたの心の中に入ることができるのは、主なるキリストだけです。このお方によって、わたしたちは聖とされます。心の深いところで、キリストを主なるお方として崇め、聖なるお方として認めるのです。これはケズィックに根づくメッセージです。

わたしは14歳のとき、ジャマイカのマンデルでケズィックの集会に出ました。その夜起こったことを、わたしは今でもはっきりと覚えています。わたしの父がそこで説教をしました。それは非常に単純な聖書の箇所でした。イエスが、「あなたはわたしを愛するか」。「あなたがたがわたしを愛するならば、わたしの戒めを守りなさい」と言われた箇所です。その時のことを、うまく言葉に表すことはできません。けれども、神がわたしの生涯を完全に変えてくださった。わたしをとらえてくださった。それは感動的なものでした。そのとき、わたしはイエスを知ったのです。イエスを主として、このお方に自らをささげる決断をしたのです。このお方が、わたしの生涯を導くお方として、わたしの心の真ん中に来てくださったのでした。イエスがわたしたちの心の真ん中に来てくださったら、わたしたちの様々な問題も、この方が解決してくださいます。だから、わたしたちは、わたしたちの心を全部、主に明け渡す必要があります。それは、ただ1回だけのことではありません。ずっと、このお方だけを主と崇め、礼拝していくのです。

さらに続けて言われています。「いつでも弁明できるように備えていなさい」（3章15節）と。わたしたちは、福音についてもっと理解を深めなければならないと思います。わたしたちの希望の土台はどこにあり、キリスト者の望みとは何なのか、皆さんの会衆は知っているでしょうか。説明することができるでしょうか。悲しいことに、実に多くの人が、本当の福音を知らないのです。

ですから、わたしたちは、ペトロの手紙一1章の最初の12節を学びたいと思うのです。ペトロは神をたたえ、わたしたちの持つ希望について語ります。その希望はどこに土台があるでしょうか。第1に、神の憐れみです。わたしたちは罪を犯し、神の御心の外を歩んでいました。しかし神の憐れみによって、キリストを信じる信仰によって、わたしたちは新しく生まれました。わたしたちを買い戻すため、イエスは十字架で死んでくださいました。そのイエスの復活によって、わたしたちは生き生きとした希望を与えられているのです。わたしたちはやがて、キリストと顔と顔とを合わせて会うという希望を抱いています。それだけではありません。わたしたちは信仰によって守られています。神の恵みは日々わたしたちに注がれており、再臨の時、わたしたちに対する恵みが明らかにされる。この福音を自分のものとするため、聖霊がわたしたちの心に働いてくださいます。以上は、本当に基本的な真理ですが、人々はそれを知る必要があります。そして、福音について問われたとき、会衆が答えられるよう、皆さんには導いてほしいのです。

また、語るとき、わたしたちは優しく敬意をもって、謙虚に語ります。高慢なクリスチャンほど手に負えないものはありません。自分の信仰を伝えるにしても、恵みに満ちた仕方で、敬意をもって伝えること。そして、一番大事なことは、語る内容と生き方とが一つであるということです。キリストこそがその模範です。

最後に、エフェソの信徒への手紙6章19～20節に目を留めたいと思います。非常に美しい祈りの言葉です。この手紙にはパウロの祈りもあるのですが、ここでは、パウロが祈りの要請をしています。「わたしのために祈ってほしい」と。パウロは偉大な使徒でしたが、弱さがありました。わたしは偉大すぎて、祈ってもらう必要はないとは言いませんでした。皆さんには、祈りのパートナーがいますか。リーダーであるあなたのために祈ってくれる人がいますか。

パウロは、自分が適切な言葉で話し、福音の神秘を大胆に示すことができるよう祈ってほしいと言います。わたしたちにとっての神秘は、わたしたちのうちにおられるキリストです。この神秘を伝える言葉が与えられることが、パウロの関心であったのです。わたしたちも、正しい言葉で福音を語ることができるよう祈ってほしいと願おうではありませんか。

さらにパウロは、正しい言葉だけではなく、正しい仕方で、と言います。正しい仕方とは、「大胆に」ということです。それは、決して威張った仕方でということではありません。わたしたちは優しく、敬意をもって人々に向き合うべきです。しかし、わたしたちが福音を語るときに、わたしたちは確信をもっている必要があります。神の言葉に、聖霊に、確信をもって立つのです。

また、パウロは、正しい動機で福音を伝えることができるようにと祈りました。わたしは鎖につながれている。でも、キリストの大使だからとパウロは言います。大使というのは、非常に大きな権威を持っている人の代理です。そして、その人が言いたいことを伝える。彼を突き動かす動機は、キリストの大使として生きることでした。

ですから、わたしのうちにある重荷は、皆さんが自分のために祈ってくれる人を持つことです。それにより、今度は皆さんが、彼らを助けることができるからです。わたしたちは前線に立たなければなりません。皆さんが向き合う様々な困難は、教会の人たちが向き合っている困難と同じなのです。わたしたちは牧師として、互いに祈り合いたいと思います。正しい言葉で、正しい仕方で、正しい動機で福音を伝えられるように、祈りの友を持っていただきたいと思うのです。

あるとき、ひとりの牧師が、オルフォード・センターに来ました。彼と一緒に別の人がついてきました。「ここに座ってください」と言うと、「いいえ、わたしは祈りの小部屋に行きます。説教の間、ずっとそこで祈っていますから」というのです。実は、その説教者は、いつもその祈りのパートナーを伴って旅行していました。皆さんにも、祈りのパートナーが必要です。モーセの手を支えた、アロンとフルのような人たちが必要です。わたしたちは霊的な戦いの中にいます。人々が救われ、クリスチャンが強められるところをわたしたちは見たいのです。ですから、祈り、支え合わなければなりません。皆さんの教会において、誰かに頼んでほしいと思うのです。「わたしのために祈ってください」と。祈りのミニストリーにおいて、わたしたちは一つとなりたいと思うのです。

何年も前、偉大な伝道者ビリー・グラハムが、ニューヨークのセントラルパークで集会を開きました。そこに、わたしも、わたしの父もおりました。集会中、誰かが父の肩を叩きました。「グラハム博士があなたに会いたいと言っています」。わたしと父は立ち上がり、グラハム博士のところに行きました。実は、このグラハム博士とわたしの父は、ずっと祈りのパートナーでした。グラハム博士は父に言いました。「スティーブン、わたしのために祈ってほしい。わたしは弱さを感じている。わたしには多くの働きがある。わたしのために祈ってほしい」。父は、グラハム博士の隣で、燃えるような祈りをささげました。とても特別な光景でした。2人の霊的な友が支え合っている姿を見たのです。その後、わたしは後ろの方に座ろうとしましたが、父は言いました。「わたしはもう帰ろうと思う」。父は、グラハム博士のために祈るためにそこにいました。今やその仕事は終わった。もうここを離れても大丈夫。そう考えて、そこを後にしたのです。これが、互いに祈り合う祈りというものです。

みなさん、多くの試練や戦いの中で、一つのことに励んでいただきたいと思います。それは、祈りを求めることです。置かれたところで、「わたしのために祈ってほしい」と絶えず祈り求めるのは、決して自己中心的なことではなく、必要なことです。そのようにして、神の国は進んでいくのです。

（文責　岡　聖志）

〈信徒セミナー〉

目を上げて畑を見なさい

ヨハネの福音書4章31～36節

永井 信義

わたしの父は、開拓伝道をしていましたが、一時期牧会を離れていました。その間に、わたしが腸重積という病気になり、手遅れで、お医者さんも手の施しようがない状態でした。父は真剣にこういう祈りをしたそうです。「信義が癒されたら、わたしはもう一度牧会伝道に戻ります」。そこまではいいと思いますが、もう一つ祈りに付け加えたのです。「この子をあなたにささげます」。わたしの許可もなく祈られてしまったのです。父はその後7か所の開拓伝道をしました。

わたし自身には大学4年生の時に神が、使徒の働き4章12節の言葉で語ってくださいました。「この方以外には、だれによっても救いはありません。天の下でこの御名のほかに、わたしたちが救われるべき名は人間に与えられていないからです」。神は福音を伝える働きにわたしを召してくださいました。当初は音楽主事になろうと思い、しばらくその働きをさせていただきました。けれども、その音楽主事をさせていただいていた教会の牧師が、『あなたは牧師になるのだよ』と言い続け、それで神学の勉強をし、留学先から日本に戻ってきました。最初横浜の教会で5年間牧会し、今、仙台から車で40分ぐらい北のところで牧会をしています。わたしにとってはすごくチャレンジングな場所で、まずは言葉が分からないのです。特におばあちゃん、おじいちゃんたちが使う言葉が、何を言ってるのか、まったくわかりませんでした。わたしはペンテコステ教会の者ですが、異言の賜物以上にむずかしかったです。

ヨハネの福音書4章で、イエスがサマリアの女に対して語られたことを通して、それからサマリアの女が町の人たちに語ったことから、わたしたちは宣教について多く学ぶことができます。

さて4章4節には、イエスがエルサレムからガリラヤに向かわれる時にサマリアを通って行かなければならなかったと書かれています。わたしたちにもサマリアのような場所があります。そこを神はあえて通って行かせようとなさる場所です。皆さんにとってのサマリアは、自分が行こうと思っている場所ではなく、行きたくないような場所です。この人には会いたくないなと思っているような人も含まれます。

たとえば「Z世代」(1995年から2015年に生まれた人たちのこと)と呼ばれる人たちがいます。こういう若い世代に福音を伝えることが、疎かになっていると思っています。わたしも実はZ世代の人たちは得意じゃありません。一番下の息子が1995年生まれなのですが、彼の言動とか人生の歩み方とかが、わたしと全くと言っていいほど違うのです。わたしたちにとって、もしかするとサマリアは若い世代の人たちのことを指しているのかもしれません。

でもサマリアの女も、別にイエスに会うつもりでそこに行ったのではありません。わたしたちが行かなければいけないのは、わたしたちに会いたいとも思ってない人たちのところです。「なんであなたの話を聞かなくちゃいけないのですか」と思っているような人たちのところに、神はわたしたちを遣わそうとなさっています。これがサマリアを通って行かなければならなかったということです。

「女はイエスに言った。『私は、キリストと呼ばれるメシアが来られることを知っています。その方が来られるとき、一切のことを私たちに知らせてくださるでしょう』」(25節)。するとイエスはこのようにおっしゃいました。「あなたと話しているこのわたしがそれです」。そうすると「彼女は、自分の水がめを置いたまま町へ行き、人々に言った」(28節)。彼女は水を汲みに来たのに、水がめを置いて、そのまま町へ行って、人々に言いました。「来て、見てください。私がしたことを、すべて私に話した人がいます」(29節)。

わたしたちが紹介するイエスは、わたしたちひとりひとりのことを全部ご存知の方です。全てを受け入れ、そこからわたしたちを救いへと導いてくださるお方です。

「わたしには伝道なんて」と言われる方が多いです。でも未信者の方たちをいちばん教会に連れてくるのは、救われたばかりの人です。その人たちは説得力があります。それまで全然神なんか信じない生活をしていた人たちが、イエスに出会い、「わたしはこのイエスによって救われたのです」という証しは説得力があります。

「そこで、人々は町を出て、イエスのもとにやってきた」（30節）。スカルの町から人がゾロゾロとイエスの方に向かって歩いている光景を思い巡らせてください。そこにちょうど弟子たちが町から食べ物を買って戻ってきました。「先生、食事をしてください」と言った弟子たちに、イエスは「わたしには、あなたがたが知らない食べ物があります」（32節）と、よくわからないことをおっしゃいました。

あるアメリカの牧師がこう言っています。「イエスはファンを作ろうとはなさらなかった。イエスが願っておられるのは弟子を作ることだった」。たぶん日本にもイエス・キリストのファンは結構いるのでしょう。その証拠に毎年のように聖書に関する本、キリスト教に関する本が出版されます。

そのようにして集まってきてイエスの話を聞こうとしている人々に、イエスは訳のわからない、理解を超えたことをおっしゃったのです。イエスは、現在のマーケティングの手法などをお使いにならなかったと思います。人を集めることをイエスは願っておられたことがないからです。主が願っているのは弟子をつくることです。今の教会のあり方を考える上で重要なポイントです。人を集めるだけなら、やり方があります。でもイエスご自身は弟子をつくることにフォーカスしておられました。どんなことがあってもイエスに従っていく弟子を、わたしたちが生み出して行くようにと神は願っておられるのです。

それで弟子たちにおっしゃいました。「わたしの食べ物とは、わたしを遣わされた方のみこころを行い、そのわざを成し遂げることです」（34節）。神のみこころを行いそのわざを成し遂げることは、今まさにイエスがサマリアの女に対してなさったことです。つまり福音が伝えられ、そして救いへと導かれていることが、イエスが語っておられたものです。神の心を行ないそのわざを成し遂げることにわたしたちが召されていることを、忘れてはならないのです。

イエスはおっしゃいました。「しかしあなたがたに言います」（35節）。これは神の「しかし」です。「しかし、あなたがたは、目を上げて畑を見なさい」とおっしゃった。弟子たちが目を上げた時に見えたのは、スカルの町から歩いてくる人たちの姿です。想像してください。人々がどんどん教会の方に向かって歩いてくる、そういうイメージです。

さらにイエスは言われました。「わたしはあなたがたを、自分たちが労苦したのでないものを刈り入れるために遣わしました。ほかの者たちが労苦し、あなたがたがその労苦の実にあずかっているのです」（38節）。つまりイエスがわたしたちを刈り入れのために遣わしておられるということです。

すでに日本でも土壌が耕され、福音の種が蒔かれています。日本は世界で二番目に宣教の厳しい場所だとされています。２０１１年の東日本大震災以降、教会のなかった宮城県と岩手県の沿岸部に、たくさんの宣教の拠点ができました。畑は色づいて刈り入れるばかりになっているということを、見せていただきました。わたしたちは、畑が色づいて刈り入れるばかりになっているというイエスご自身の促しに答えることが求められているのです。

弟子たちが遣わされるときに、イエスはこのようにおっしゃいました。「そして彼らに言われた。『収穫は多いが、働き手が少ない。だから、収穫の主に、ご自分の収穫のために働き手を送ってくださるように祈りなさい』」（ルカの福音書10章2節）。祈りなさいとおっしゃったあと、3節で「さあ行きなさい」と言われました。

皆さん、祈ると危険です。祈るとサマリアのような行きたくないところに送られてしまいます。わたしも横浜の教会で牧会して、教会も成長して、よしこれからと思っていました。そしたら「さあ行きなさい」と宮城県に遣わされたのです。でも不思議です。神がそうやって遣わしてくださると、神が働きを広げてくださるのです。わたしたちが神の導きに従ってサマリアのような場所に遣わされていく時に、神はそこに収穫を与えてくださるのです。ルカの福音書10章3節の「さあ行きなさい」です。

主はわたしたちに「行きなさい」とおっしゃっています。「あなたがたは行って、あらゆる国の人々を弟子としなさい」（マタイの福音書28章19節）。わたしたちの宣教は、ただ人々がイエスを信じて救われるだけではなく、わたしたちが弟子を生み出していくことです。大宣教命令は、さらに「父、子、聖霊の名において彼らにバプテスマを授け、わたしがあなたがたに命じておいた、すべてのことを守るように教えなさい」と続きます。イエスが教えてくださった全部をシェアするため、神はわたしたちを用いようとされているのです。

わたしが住んでいる宮城県はお米の産地です。お米は刈り入れた後に、もみ殻の処理をしたり、貯蔵して寝かせるとか手間がかかります。刈り入れは手間のかかる働きなのです。

イエスはマルコの福音書1章38節で、このようにおっしゃいました。「さあ、近くにある別の町や村に行こう。わたしはそこでも福音を伝えよう。そのために、わたしは出てきたのだから」。わたしたちもこのためにイエスに召されて、遣わされるのです。ヨハネの福音書4章39節にこのように書かれています。「さて、その町の多くのサマリア人が、『あの方は、私がしたことをすべて私に話した』と証言した女のことばによって、イエスを信じた」。つまりこのサマリアの女を用いて、イエスを信じる信仰へと導かれた。そして41節には「さらに多くの人々が、イエスのことばによって信じた」とあります。さらに読み進めると「『もう私たちは、あなたが話したことによって信じているのではありません。自分で聞いて、この方が本当に世の救い主だと分かったのです』」とあります。イエスが救ってくださるのです。

礼拝と宣教は結びついています。礼拝をとおして、わたしたちは宣教へと遣わされます。礼拝の最後の祝祷は、神によって送り出されていくわたしたちに、三位一体の神が共にいて恵みを与え、愛を注ぎ、そして聖霊の交わりの中で、わたしたちが力づけられていく祈りです。次回皆さんが礼拝で祝祷を聞かれたときに、終わったと思わないで、ここから始まると思ってください。イザヤ書6章8節から9節。「私は主が言われる声を聞いた。『だれを、わたしは遣わそう。だれが、われわれのために行くだろうか。』私は言った。『ここに私がおります。私を遣わしてください』」。

皆さん、今日も神はおっしゃっています。「だれをわたしは遣わそう。だれが、われわれのために行くだろうか」。正しい応答の仕方までイザヤ書には示されています。「私は言った。『ここに私がおります。私を遣わしてください』」。

（文責　大井満）

〈第30回 沖縄ケズィック・コンベンション　女性大会〉

終わりの時代をどのように生きるのか

ジョン・オズワルト

ルカによる福音書 18章1〜34節

本日の聖書箇所の4つの"Incident"（出来事）は何の関連もないように思えるかもしれません。しかし、聖書を研究し説教をしてきたわたしの経験上、聖書に"Accident"（偶然）によるものはありません。最近、この箇所を読んでいて「文脈」があることに気付かされました。聖書に書かれていることはすべて他の箇所に繋がりがあります。4つの出来事の前後を読んでみたいと思います。まず、主イエスは神の王国が地上に完成される終末の時を語っています（17章20〜37節）。そして、磔刑と復活から始まる新しい時代の幕開けについて語っています（18章31〜34節）。つまり、本日の聖書箇所では地上で神の支配が始まったが、まだ完成していない"Between times"（中間の時代）をどのように生きるべきか教えておられるのだと思います。これから4つの出来事とポイントをお話したいと思います。

1　揺るぎない信仰を持って生きる（1〜8節）

わたしたちは揺るぎない信仰を持って生きなければなりません。1節から8節のたとえ話は、十分に長く熱心に祈りさえすればわたしたちが望むものを神に叶えさせることができるという間違った解釈をされることがあると思います。その考えには二つの間違いがあります。

まず、神の性質に対する冒涜です。一生懸命に祈ることによって答えてもらおうとする行為、それは神を自分の所有物にする行いです。「神は決して約束の実現を遅らせる方ではない」と聖書に書いてあります。わたしたちをいつも気にかけてくださいます。すぐに祈りが答えられないからといって、神は無関心でおられるわけではありません。わたしたちの要求が愚かである場合があります。例えば、わたしはいつも家の地下室にある書斎で過ごしているのですが、小さな赤い鳥が窓ガラスをつついてきます。部屋の中に入りたい様子ですが、決して入ることはできません。また、息子のアンドリューが7歳の誕生日を迎えた時、ライフルを欲しがりました。彼はもらえたでしょうか。あり得ないですよね。わたしたちも時々そのような要求をしていると思います。愚かなことです。神は親切に答えないでいるのです。もしくは、わたしたちが霊的に十分に備えられていないため祈りの答えを受け取れないこともあります。おそらく、今与えられているものを十分に使い果たす必要があるのでしょう。わたしたちの祈りが届かないのは、神がわたしたちの叫びに無関心だからではありません。

そして、もう一つの間違いは、神をわたしたちの意志に従わせることができるという考え方です。わたしたちは神の恵みに完全に頼るしかない存在です。熱心に祈ることで、御心に反してでも神を動かそうとすることは重大な過ちです。

主イエスはこのたとえ話で何を伝えているのでしょうか。8節で主イエスが尋ねた質問にご注目ください。「しかし、人の子が来るとき、果たして地上に信仰を見いだすだろうか」と話しておられます。その質問の前には「言っておくが、神は速やかに裁いてくださる」とあります。ヨハネの黙示録6章10節には殉教者の叫びが記されています。「彼らは大声でこう叫んだ。『真実で聖なる主よ、いつまで裁きを行わず、地に住む者にわたしたちの血の復讐をなさらないのですか』」という叫びです。この時の文脈も思い出してください。

主イエスは17章で世の終わりについて語っておられます。クリスチャンが少ない世の中で悪の力が蔓延していくとき、わたしたちは信仰を投げ出したくなります。もっと危険なことは、神の最終的な勝利への信頼が薄れて、喜びと確信に満ちた生活を送るのではなく、宗教の形を維持するだけの生活になってしまうことです。わたしたちのタイミングではなく、神のタイミングにおいて悪人をさばき、義人を守ってくださることを知っているのだから、しっかり信仰に立ちなさいと主イエスは言っておられます。いつ再臨されるか分かりませんが、必ず主イエスは来られます。"Between times"（中間の時代）を生きるわたしたちはどのような状況であっても、祈りの答えに時間がかかっても、揺るがない信仰をもって生きていかなければなりません。

2　いつも謙遜に生きる（9〜14節）

最終的な輝かしい神の勝利を確信して生きていくとき、自分の正しさが勝利の鍵であると考えてはいけません。ここに非常に微妙な境界線があります。ある人は「救われるために正しい行いは関係がないのだから、どのように生きても問題にならない」と言うでしょう。それは全くの誤りです。木はその実によってどんな木なのか分かります。もしわたしたちが神にふさわしくない不敬虔な行いをするなら、わたしたちは神の子どもではありません。

また一方で、ある人は「正しい行いこそが大切だ」と信じます。正しく生きることや良い行いをすることで、神の御前で特別な地位を得られると考えがちです。これはパリサイ人の過ちでした。実際、彼らは良い行いをすれば神の恵みを得ることができると本当に信じていました。それはあり得ないことです。わたしたちはどんなに頑張っても、決して神の義に到達することはできません。神の義は唯一の基準です。ですから、わたしたちはいつも謙遜に生きることが求められています。神の愛と恵みを得るためにわたしたちにできることは何もないということを自覚する必要があります。天国にわたしたちの居場所があるのは、神の恵みによるものです。同時に、わたしたちの真に正しい行いも神の恩寵であり賜物なのです。ブドウが良い実を結ぶためには、枝が幹に繋がっていなければなりません。

3　人目を気にせずに生きる（15～17節）

なぜ主イエスは、「子供のように神の国を受け入れる人でなければ、決してそこに入ることはできない」と言われたのでしょうか。子どもは無邪気で悪に染まっていないからだとわたしは思っていました。しかし、そのように信じていたのは妻とわたしに子どもが与えられる前の話です。全く罪のない子どもはいません。生まれた瞬間から、自分のやりたいように生きるという意思をしっかり持っています。そして、思い通りにするためなら平気で嘘をつくのです。わたしは自分の子どもが、教えてもいないのに自然に嘘をついている姿を見たときに本当にショックでした。

なぜ主イエスは「子供のように」と言ったのでしょうか。子どもたちが単純な生き方をしているからだと思います。主イエスがそのようになれと命じておられるのは、どのような子どもたちでしょうか。他人からどのように思われるのか自意識過剰にならないところが子どもの特徴だと思います。成長するにつれて、わたしたちは人からどのように見られて何を思われているのか気にするようになります。クリスチャンが陥りがちな罠がそこにあるのです。アナニアとサフィラのように、誰かが見ているから正しい行動をするようになります。しかし、主イエスがわたしをどのように見ているのか常に考えることが重要です。御霊に満たされるということは、目に見える重荷から解放されて、自分の評判を神の手に委ねることです。これがサウルとダビデの違いです。サウルは、人々が自分をどのように見ているのか常に気にしていました。ダビデはその心配から完全に解放されていました。

4　地上の何物にも支配されずに生きる（18〜30節）

わたしたちは地上の何物にも支配されずに生きなければなりません。ディートリッヒ・ボンヘッファーは言いました。「わたしたちが何かを所有する自由があるのは、それがないほうが自分にとってより良い暮らしができると純粋に想像できる場合に限られる」。18節に登場する、善良で敬虔な男は彼の富によって心が支配されていました。わたしたちは裕福である必要はありません。何かを持たなければならないと思うなら、わたしたちの心はその所有物に支配されます。また、物質的に豊かである必要もありません。そこには夢、評判、人間関係なども含まれます。正しさとは欺瞞に満ちたものなのです。

皆さんは良い人たちです。今、このように土曜の朝に教会へ集まっているのですから。神はそれ以上に何を望んでおられるでしょうか。ただ教会に行くだけでなく、献金をささげるだけでなく、良い奉仕をするだけでなく、神はわたしたち自身を求めています。神はあなた自身を望んでいます。わたしは妻のキャロラインにプロポーズをした時に"I want you"（あなたが欲しい）と告白しました。その時、もし妻が「美味しい料理は作ってあげる」、「洗濯はしてあげる」、「子どもは産んであげる」、「でもわたしを手に入れることはできないわ」と言ったとしたらどうでしょうか。どんなにすばらしいことをしてくれたとしても、彼女自身がいなければ何の価値もありません。神はこの世の一切のものから解放されたあなたと、愛の関係を持ちたいと望んでおられます。そして、この点がファリサイ人の間違いでした。彼らは自分のために身を守りながら、表面的には厳格で正しい行いをすることで神を満足させることができると考えていました。そのような生き方はうまくいきません。神はあなた自身を望んでおられます。あなたとあなたの人生、そのすべてを神に受け取っていただきましょう。

おわりに

神の国の完成を待ちながら、終末を迎えるまでの"Between times"（中間の時代）をわたしたちはどのように生きたらよいのでしょうか。まず、揺るぎない信仰を持って、神の最後の勝利を信じて生きなければなりません。そして、自身の行いと最終的な報酬は神から与えられることを覚えて謙遜に生きなければなりません。また、わたしたちは他人の目を気にすることなく生きていかなければなりません。最後に、地上のあらゆるものに支配されることなく、神と唯一無二の愛の関係の中で生きなければなりません。わたしたちがそのように生きるならば、主イエスが再臨されるとき、神はわたしたちの中に自由で力強く、実り豊かで愛に満ちた信仰を見出すでしょう。

（文責　佐久間武三）

〈第31回 九州ケズィック・コンベンション〉

我が内におられるキリスト

イザヤ書61章1節、ヨハネの黙示録3章20節
ローマの信徒への手紙8章1～17節

石田　学

パウロは、ローマの信徒への手紙7章までに、繰り返し修辞的疑問文を用いています。答えが明確にわかる仕方で読者に問いかけ、その問いに自ら答える仕方で議論を重ね、中身の濃い議論を展開しています。その上で、8章1節において最終結論として、こう断言します。「従って、今や、キリスト・イエスにある者は罪に定められることはありません」。

ローマの信徒への手紙はむずかしく感じますが、これまでのパウロの議論を、映画のワンシーンのように想像して考えてみましょう。わたしたちのたましいを、一つの部屋とします。部屋の真ん中には罪が居座っています。気が付けば部屋の真ん中に住み着き、わたしたちを支配下に置き、罪の奴隷として服従させています。わたしたちは最後まで罪に服従させられ、最後になって死を恐怖の報酬として押し付けられるのです。その報酬を拒むことはできません。わたしたちを支配する罪に対抗する力はわたしたちにはなく、逃れることはできません。

パウロは、7章24節でこう嘆きます。「わたしはなんと惨めな人間なのでしょう。死に定められたこの体から、誰がわたしを救ってくれるでしょうか」。救いようのないわたしたちの現実に、深い嘆きを表明し、何もできないと語った上で、パウロは一つ、わたしたちを救ってくれる道があることを、ほのめかします。わたしたちのたましいの扉を、誰かが外から叩き、呼びかける声が聞こえます。「あなたが扉を開きさえすれば、わたしが中に入って、あなたを罪の奴隷から解放しよう」。開けようか、迷う人に罪が脅しをかけます。「開けるな。お前は自由になどなれない。最後までわたしに服従して、死を報酬として受け取るがよい」。罪は、わたしたちが扉を開くこと自体は止められないので、あらゆる手段で扉を開けさせまいとします。それでも、もしわたしたちが、扉を開いて外におられるキリストを迎えるなら、キリストは部屋の中に入り、罪に対してこう告げます。「この者はもはや、お前の支配下にはない。わたしが命の霊の法則によって、この者を解放した。今や、お前ではなく、わたしがこの者の主だ」。わたしたちの内から、罪とその支配は消え、キリストが住んでくださいます。罪ではなくキリストが、わたしたちの内におられて、神の霊の支配下に置いてくださいます。

このように映像的に考えると、パウロの議論はわかりやすくなります。「見よ、私は戸口に立って扉を叩いている。もし誰かが、私の声を聞いて扉を開くならば、私は中に入って、その人と共に食事をし、彼もまた私と食事をするであろう」（ヨハネの黙示録3章20節）。これと全く同じ情景を、パウロは論じているのです。

信仰とは、キリストを内に招き入れて、罪の支配から解放していただき、わたしたちの内にずっと居ていただくことです。パウロによれば、救いとは罪の支配から解放されることです。罪の代わりにキリストの霊を内に持つこと、それがキリストによる救いです。キリストがわたしたちのたましいの扉を叩き、わたしたちが扉を開く。キリストは、わたしたちが扉を開くのを待ってくださり、開いて初めて、わたしたちの内に来てくださいます。しかも、ヨハネの黙示録3章20節には、キリストが内に来られるだけでなく、わたしも彼も、共に食事をするとあります。共に食事をするということは、相手を歓迎してもてなすということです。そして、受け入れられた者は、腰を据えてそこに居続けるということです。イエスと、イエスを迎える人、両方が共に喜び歓迎し合うということです。イエス・キリストを信じるとは、わたしたちがイエスを受け入れるだけでなく、イエスもわたしたちを喜んで受け入れて、共にいてくださるということです。それが信仰の意味です。

すべての人は罪の奴隷とされており、人は、生まれながらの状態では、罪と死の法則のもとにあります。わたしたちの内には罪が居座っており、わたしたちの力では罪は追い出せません。罪の結果である死の力が、わたしたちを捕らえて離しません。罪が主人として居座っている限り、わたしたちに望みはありません。しかし、キリストがわたしたちのたましいの扉を叩き、わたしたちが扉を開いて、キリストを招き入れます。すると、罪とキリストという、二人の主人が存在することになります。罪とキリスト、どちらが唯一の主人、真の主となるのでしょう。罪とキリスト、どちらが強いのでしょう。答えは明白です。罪に打ち勝つ力を持っておられるキリストがわたしたちの内に来てくださるなら、どうして罪が、わたしたちの主人として居座ることができるでしょうか。

キリストを信じるということは、罪の代わりにキリストを新しいわたしの主、わたしたちの内に住む方として迎えることです。それは、わたしたちが、キリストに喜ばれる生き方をするためです。しかし、何と多くのキリスト者が、キリストを自分の都合の良いように利用しようと考えていることでしょう。わたしはキリストを信じたのだから、苦難が及ぶはずがない。もし、困難に遭ったら、主よどうしてわたしをこんな目に遭わせるのですか、と言ってしまいます。しかし、そうであってはなりません。わたしたちがキリストを内に迎えるのは、キリストを主と崇め、仕え、キリストに喜ばれる生き方をするためなのですから。

キリストが内におられるなら、わたしたちはもはや、罪と死の法則のもとにはありません。神の霊の法則のもとにあります。罪の法則のもとにあるなら、死が終末となります。霊の法則のもとにあるなら、永遠の命と神の国の幸いが、わたしたちの未来となります。霊の法則にあるとは、神の支配領域のもとに移されているということです。罪の支配領域にあった時は、罪の法則が支配していました。

もし、キリストの領域に移されるなら、キリストの法則、支配、神の霊が領域を治めることになります。そうしたイメージを抱いて、パウロはこう語ります。「ですから、兄弟たちよ、私たちには義務があります。肉に従って生きなければならないという、肉に対する義務ではありません」（新改訳2017、ローマ人への手紙8章12節）。わたしたちが罪の支配領域にいた時、罪に従うことが強制的な義務でした。しかし、罪から解放されたわたしたちは、その義務から解放されています。では、今、どんな義務があるのでしょう。パウロは、義務があるというだけで、何に対する義務なのか語っていません。考えられる理由はただ一つ。その理由は、かつての罪に対する義務と、神に対して負っていることとは、意味合いが全然違うということです。

義務、という言葉の直訳は「借金がある人」です。わたしたちは罪に対して負債があり、返済できず、そのために罪の奴隷とされていました。しかし、神がキリストを通して、わたしたちを罪の奴隷から贖い取り、罪の支配から解放してくださいました。神がわたしたちの借金を肩代わりされました。わたしたちは、今度は神に対して借金を負ったということです。わたしたちの主人が罪から神に変わったということです。パウロは、あなたがたは「罪から解放されて神の奴隷となり」（新改訳2017、ローマ人への手紙6章22節）と言います。罪の奴隷であることと、神の奴隷であることとの間には、天と地ほどの、それ以上の開きがあります。罪が恐怖の報酬である死を無理やり押し付けるのに対し、神はキリストにある永遠の命を、賜物として与えてくださる。この違いをパウロは明確にします。彼は、神に隷属している今の状態について、霊に対して義務を負っているとは言いません。それは、神に従う生き方が、強制的な義務ではなく、恵み、喜び、特権だからです。ですから、神に従うことが嫌なら、従わないことはできます。ただ、その時は再び罪の奴隷に戻ることを意味します。

なぜ、神はわたしたちに強制的な服従を要求されず、教え、呼びかけ、訴えかけ、信仰による応答を望まれるのでしょう。それは、神が、わたしたちを罪の奴隷から解き放つ方法として、御子キリストと一つに結び合わせるという恵みの道を選ばれたからです。神はわたしたちを、ご自分の子として受け入れてくださるのです。神が、御子キリストと同じ身分としてわたしたちを受け入れ、奴隷ではなく子であるキリストと同じように扱ってくださり、キリストと共同の相続人にしてくださいました。だからこそ、パウロは、わたしたちには義務があると言いながら、霊に対して義務を負っているとは言わないのです。神に愛されている子として、わたしたちが喜んで従うことだからです。

改めて考えてみましょう。キリストを信じた時、わたしたちは神の子の身分を持つ者とされ、キリストと共に天の国を継ぐ相続人とされました。信仰は、わたしたちの実質的な変化です。肉に対する義務から解放され、父である神に従う特権を恵みの賜物として受けたことであり、死と滅びの義務ではなく、天の国と永遠の命を相続する者とされたということです。この世の定住者ではなくなり、神の国の国籍を持つ者として、この世を旅する者にされたのです。そのような根源的変化を、わたしたちは神によって体験させられています。それら全ては、キリストがわたしたちの内に住んでくださっているがゆえです。

ですから、わたしたちは、いつもキリストと共にいなければなりません。キリストと共に生き、共に苦しみ、キリストの十字架にあずかる者が、神の子としての相続人となります。パウロは「キリストと共に苦しむなら、共に栄光をも受けるからです」（8章17節）と言います。キリスト共に生きるということは、キリストと共に苦しみに遭うということです。たとえ、共に苦しむことがあっても、そのことを通して、わたしたちは神の恵みの相続人であり続けます。さらに、パウロの言葉にはもう一つの意味があります。キリストの苦難とは別に、様々な苦難を負うときも、キリストが共にいて、わたしたちと一緒に苦しんでくださるということです。

神の霊がわたしたちに宿っている限り、神の子としての恵みと栄光を受け継ぐ望みを抱いて生きることができます。わたしたちは罪から解放され、聖なる者として我が内におられるキリストと共に、この世を旅します。キリストの思いをわたしたちの思いとし、キリストの憐れみを内に抱いて現し、キリストの愛を人々に注ぎ、キリストの恵みの言葉を知らせ、苦難の時にはキリストの同情と慰めを感じながら、わたしたちはこの世を旅します。そのようにして、この世を旅する神の聖なる民、それがわたしたちの正体です。その幸いを、決意を、いつも心に留めて、この世を旅して参りましょう。

（文責　金田ゆり）

〈第58回 大阪ケズィック・コンベンション 聖書講解⑤〉

困難の中で神を見出すII 「ルツと喪失」

イアン・コフィ

ルツ記は世界で最も有名なラブストーリーの一つで、幸せな物語です。この物語の背後にあるのは、わたしたちをいつも心配して必要を備えてくださる神のお姿です。

物語に耳を傾ける

ウォーレン・ウィアーズベという人が、ルツ記を章ごとにわかりやすくまとめています。彼がつけたタイトルに沿ってお話しします。

1章　泣く（Weeping）

ルツ記は「泣く」ところから始まります。あるとき飢饉が起こり、ベツレヘム出身の夫婦エリメレク、ナオミと息子たちは食物を求めてモアブの地に行きました。そこで悲劇が訪れました。エリメレクが亡くなったのです。その後、息子たちはモアブ人の女を妻に迎えました。一人はオルパ、一人はルツという名です。数年後、再び悲劇が訪れました。息子たちも相次いで亡くなったのです。ナオミは嫁たちに実家に帰るよう言いました。そうすれば嫁たちは再婚して子どもを持てるかもしれません。

オルパは実家に帰りましたが、ルツは義母に忠誠を誓いました。「お母様が行かれるところにわたしも行き、住まれるところにわたしも住みます。……もし、死によってでも、わたしがあなたから離れるようなことがあったら、主が幾重にもわたしを罰してくださるように」(16～17節)。

ルツはモアブ人の女性でしたが、イスラエルの神、主の名において語っています。ルツは、損失や悲しみの中で、主に従うことを決心したのです。一方、ナオミは主を責めました。これは心に留まることです。悲しみや痛みのゆえに神に近づく人がいます。ところが、ある人たちは神から離れてゆきます。その良い例をルツ記は提示してくれます。

2章　働く (Working)

何も起こっていないような時こそ、心の目をしっかりと開きましょう。実はその時、背後で「働く」神がおられるからです。ここでボアズという男性が登場します。彼は神を恐れる人でした。彼の畑でルツは落ち穂を拾い集めました。ボアズは彼女がたくさん拾えるよう計らい、安全が守られるよう配慮し、食事を与え、祝福の言葉をかけました。それは、ルツがナオミにどれだけ献身的に仕えているかを見聞きしていたからです。その日、ルツはたくさんの穀物を抱えて家に帰りました。ナオミは驚いて誰の畑に行ったのかと尋ね、ボアズの畑だと知って喜びました。ボアズは「買い戻しの権利のある親類」（20節）だったからです。

3章　待つ（Waiting）

その後ナオミが思いついた計画に、皆さんは混乱させられるかもしれません。彼女はルツに言いました。「あなたはからだを洗って油を塗り……あの方が寝るとき……後で入って行ってその足もとをまくり、そこで寝なさい」（3～4節）。

これには解説が必要です。「買い戻しの権利のある親類」とはヘブル語で「ゴーエル」と言い、その家族を助けるべき「贖い主」です。もし家長が亡くなれば、この「ゴーエル」がその家族を助け、その家族に子どもがなければ「ゴーエル」はやもめになった女を妻に迎え、生まれた子どもが亡くなった夫の名前を引き継ぐのです。

目を覚まして驚いたボアズに、ルツは言いました。「あなたの覆いを、あなたのはしための上に広げてください。あなたは買い戻しの権利のある親類です」（9節）。先にボアズはルツにこう言っていました。「あなたがその翼の下に身を避けようとして来たイスラエルの神、主から、豊かな報いがあるように」（2章12節）。ルツは「あなたが祈られたことをあなた自身がかなえてくださいませんか」とお願いした訳です。ボアズはルツの申し出を受け入れようと言います。しかし、より近い親類の「ゴーエル」がいました。彼の意向が確認できるまで、彼らは「待つ」ことになりました。

4章　結婚する（Wedding）

場面はボアズの家からベツレヘムの門に移ります。ボアズはエリメレクにより近い親類を呼び止めてナオミを助けるため畑を買い戻すかどうか尋ね、さらに「この畑を買うなら、モアブ人のルツと結婚してエリメレクの血統を守る責任が生じる」と告げました。それを聞いた親類は優先権をボアズに譲りました。この章の後半はすばらしいハッピーエンドです。ボアズとルツは結婚し、男の子が誕生しました。ナオミは、町中の女たちに祝福される幸せなおばあちゃんになりました。

最後に、聖書でよく見られる系図が書かれています。生まれた男の子はダビデ王の祖父になり、そこから主イエス・キリストが誕生します。ルツはダビデの曾祖母に当たります。マタイ1章の系図にもルツを含め四人のイスラエルの民でない女性の名前が記されています。そのことは、イエスがユダヤ人だけでなくすべての人の救い主であることを表しています。ルツ記は神のご摂理を教える美しい物語なのです。

物語に学ぶ

皆さんも悲しみや嘆きを体験されたことがおありでしょう。この数か月の間に大切な何かを失われた方がおられるかもしれません。その悲しみから立ち直れない方もおられるでしょうか。わたしたちはルツの物語から何を学ぶことができるのでしょうか。三つの点から見てゆきましょう。

1 焦点（Focus）

まず学びたいことは、ルツの「焦点」です。悲しみは、彼女に適切な焦点を与えてくれました。ルツは義母に自らをささげ尽くす決心をし、イスラエルの神である主に自らをささげました。彼女はモアブの神ケモシュを礼拝して生きてきた女性です。「ケモシュ」は「破壊する者」という意味で、実際それがモアブで行われていたことでした。ところが、悲しみの中でルツは、主の愛に気づきました。それで彼女は大切なところに焦点を合わせて、主に仕える決心をしたのです。様々な形でやって来る悲しみに対して、多くの人々は間違った方法で対応しようとします。若くしてやもめになったルツのしたことは、わたしたちに良い助けを与えてくれます。彼女は大きな損失を受けましたが、その中で自らを義母にささげ、主にささげることができました。

家族を失って悲しむ人に必要なのは、ともにいてくれる誰かです。彼らには、亡くなった方への思いを聞いてくれる人が必要です。悲しむ人が問題に正しい焦点を当てられるよう、わたしたちは聞くことによって助けることができます。

2 信仰（Faith）

二つ目に学ぶことは「信仰」です。「眠っている人たちについては、兄弟たち、あなたがたに知らずにいてほしくありません。あなたがたが、望みのない他の人々のように悲しまないためです」（テサロニケ人への手紙第一 4章13節）。ここでパウロは悲しみを否定しているのではありません。人はみな悲しみます。世の人たちは希望のない悲しみを持ちます。しかしキリストを信じる者たちが持つのは、希望に満ちた悲しみです。イエスを信じる者たちは復活させられ、愛する方々と再会できます。ですからわたしたちは、悲しみの中にあっても希望を失うことがないのです。

エリザベス・エリオットという方をご存知でしょうか。夫のジムがエクアドルの原住民に殺され殉教した時、彼女はまだ30歳でした。彼女はリーチという神学者と再婚しましたが、この夫も数年後に亡くなりました。ある人が彼女に「あなたはどこに希望を見出しますか」と尋ねたとき、彼女は答えました。「わたしは使徒信条に希望を見出します」。彼女の教会では毎週、使徒信条を用いて信仰を告白していました。さらに彼女は言いました。「夫が死んでも変わらないものがあるではないですか」。何とすばらしい証しでしょうか。彼女はいつも福音を思い起こし、悲しみの中でも確かな希望を与えられていたのです。悲しみの中で彼女を力づけたのは、信仰でした。

3　将来（Future）

三つ目の学び、それは「将来」です。それは単なる未来ではなく「永遠のいのち」のことです。わたしの友人は若くして亡くなりました。やもめになった彼の妻の「わたしの人生は今日で終わった」という言葉は忘れられません。その時、彼女はナオミと同じ気持ちだったのです。その後の年月を通して、彼女は主が備えてくださる良いものに気づかされていきました。もちろん、悲しみは完全にはなくなりません。しかし最初とは違ったものへと変えられていきました。来たる世だけではなく、今この時も主が支えてくださるのです。

昨年亡くなった英国のエリザベス女王の母は、若くして夫を亡くしました。ある時、彼女を慰めに訪れた人から「良くなってきましたか」と尋ねられ、彼女はこう答えました。「まだそう言えません。でも、この悲しみに向き合ってゆくなら、良くなっていくことをわたしは知っています」。

ルツは「残りの生涯、ずっと落穂拾いを続けるだけだ」と思っていたかもしれません。他に生きる術は見当たらず、将来の希望も持てなかったことでしょう。ところが、神は見えないところで働いておられました。皆さんの中にも「わたしの人生は終わってしまった」と嘆く方がおられるでしょうか。神はあなたに「わたしに耳を傾けてみことばの約束を受け入れなさい。あなたにちゃんと計画を持っているのだよ」と呼びかけておられます。

喪失を経験したとき、あなたは何を学びましたか。何があなたを助けてくれましたか。ナオミのように神への怒りを感じたことはありませんか。神への怒りを持つ友人にどう語りかけることができますか。ボアズは本当に親切な人でした。皆さんの中に「わたしは今、あの人のボアズになってあげることができる」という人はいませんか。

わたしは、ルツ記の中で最も重要な語句があると思います。英語では四つの単語になります。それは2章3節「はからずも」（「As it turned out」NIV訳）です。いろんな畑を選ぶことができたルツは、「はからずも」ボアズの畑に行きました。わたしの人生を振り返ると、この「はからずも」を随所に思わされます。わたしがはからずも出会った人。はからずも交わした会話。なぜかは分からないけれどもはからずも変わった状況。はからずも神が働いておられるのです。皆さんの置かれている状況にも神は働いておられます。「神よ、あなたがわたしの人生で働いておられることをどうぞ見せてください」と祈ろうではありませんか。自分の成長のために。そして神の栄光のために。

「神を愛する人たち、すなわち、神のご計画にしたがって召された人たちのためには、すべてのことがともに働いて益となることを、わたしたちは知っています」（ローマ人への手紙8章28節）。ルツの物語の中に、神のご摂理の備えのわざを見ることができます。

神は言われます。「悲しみを受け取りなさい。そしてそこからイエス・キリストの名によって良いものを生み出していきなさい」。あなたの痛みは癒しを生み出します。そのことにおいて神の祝福がありますように。

（文責　山本達理）

〈第16回 東北ケズィック・コンベンション〉

神の栄光をほめたたえよう

エペソ人への手紙 1章1～14節

鎌野 善三

今回の2回のメッセージは、エペソ人への手紙からお話しします。エペソは、現在のトルコ共和国の西の端、エーゲ海に面した町で、ローマ帝国の中でも特別に大きな町でした。パウロは紀元50年代の中ごろ、第二回伝道旅行と第三回伝道旅行の時に2度この町を訪問し、伝道しました。ですからこの教会にはたくさんの知人がいたことでしょう。その大半は異邦人でしたが、ユダヤ人でクリスチャンになった人たちもいたようです。

数年後、パウロはローマで約2年間軟禁状態になったのですが、そこからこの手紙をエペソ教会に宛てて書きました。この手紙以外にも、コロサイ教会とピリピ教会にも書き送り、またピレモンという個人にも手紙を書きました。それらの手紙を読むと、直接伝道ができない時だからこそ、主イエス・キリストと深い交わりをもっていたことが良くわかります。彼は、自由に伝道ができた15年ほどの間に6つの手紙を書きました（ローマ人への手紙、コリント人への手紙第一と第二、ガラテヤ人への手紙、テサロニケ人への手紙第一と第二）。しかし2年間の獄中で4つもの手紙を書いたのです。これらの手紙を読めば、厳しい環境の中でもキリストにあって喜んでいるパウロの姿を目の当たりに見ることができます。

先ほど、この手紙の冒頭を読んでいただいたのですが、何度も「神がほめたたえられるように」という表現が出てきたことに気づかれた方も多いことでしょう。神の栄光をほめたたえることは、昔も今も、クリスチャンの重大な使命です。しかもよく読んでみると、この神とは三位一体であることが述べられ、父なる神、子なるキリスト、そして聖霊なる神がわたしたち信じる者にどれほど大きな恵みを与えてくださっているかがわかります。その結果、心の底から力いっぱい、この神をほめたたえたくなるのです。

1　父なる神の選びのゆえに

まず、父なる神の選びのゆえに、神をほめたたえたくなります（3〜6節）。父なる神は、この天地を創造される前からわたしたちを選び、「御前に聖なる、傷のない者」にしようとしてくださいました。わたしたちは、自分が善い行いをして立派な者になっているから選ばれたのではありません。罪深い者でも、神に反抗している者であっても、ただ神の恵みによって選ばれたのです。ですから、自分の罪深さや弱さを知っている者こそ、このような選びに対する感謝があふれてきます。

カトリック教会の司祭である、ミシェル・クオストはこう書いています。「主よ、ありがとうございます。なぜ、こんなわたしを、このわたしを選んでくださったのですか。わたしはうれしくて、うれしくて、涙がでてきます」（『神に聴くすべを知っているなら』248頁）。彼は有名な神学者であり、活動家でもあります。しかし、そんな外見のことではなく、自分の弱さを知っているからこそ、嬉しくてたまらなくなったのです。逆に、自分の生まれや能力を誇る者には、このような喜びがわかりません。

パウロは、自分が昔クリスチャンを迫害していたことを生涯忘れることはありませんでした。しかしそんな自分が使徒として福音を伝える者になるため、神に選ばれていたことを知って、感謝でいっぱいになったのです。「わたしは使徒の中では最も小さい者であり、神の教会を迫害したのですから、使徒と呼ばれるに値しない者です。ところが、神の恵みによって、わたしは今のわたしになりました」と喜んで記しています（コリント人への手紙第一15章9～10節）。

現在のわたしたちはどうでしょうか。自分は立派な者だと思っていますか。それとも主の御心にそえない弱い自分であると思っていますか。どうか知ってください。現在でも、自分の無能を知り、罪深さを知れば知るほど、そんな自分が、天地の造られる先に、父なる神が選んでくださったことに感謝があふれてくるのです。そして、この恵みのすばらしさを、恵みの栄光を、心からほめたたえたいと思うようになるのです。

2　キリストの贖いのゆえに

次に、キリストの贖いのゆえに、神をほめたたえたくなります（7〜12節）。神の御子イエスは、十字架上で身代わりとなり、貴い血を流してくださり贖いを成し遂げてくださいました。父なる神の選びのわざは、キリストによって完成します。この箇所には12回も「キリスト」という名称が出てきます。キリストこそ、父なる神のご計画の中心にあるお方です。確かに最初はユダヤ人であるアブラハムが選ばれました。しかし、それは「地のすべての部族が、あなた（アブラハム）によって祝福される」ためだったことを忘れてはなりません（創世記12章3節）。キリストはアブラハムへの約束を成就する方なのです。

キリストがこの地上に、肉体をもった人としてお生まれになったことによって、どんな罪びとでも信仰によって救われる道が開かれました。キリストは真の神であり、真の人であられたからこそ、神と人の仲保者になることができます。何の罪もないお方が、すべての人の罪を引き受け、十字架の上で神の怒りを受けられたのです。ちょうど避雷針のように、キリストは神の怒りの裁きを受けられました。それゆえ、彼と共にいるわたしたちの上には、神の怒りは注がれなくなったのです。

来週開かれる大阪ケズィックの今年の主題は「神に会う備えをせよ」です。あなたは今、心の奥底までご覧になる全能の神にお会いする備えができているでしょうか。恥ずかしくてとてもお会いできないと言われるかもしれません。そうです。それが正直な答えです。でも、十字架がありますす。十字架のもとに逃げ込めばいいのです。「主よ、とてもわたしはあなたとお会いできるようなものではありません。だからこそ、主イエスのもとに来ました。この方の贖いのゆえにわたしは、あなたとお会いできます」。そう告白できるなら、わたしたちには、主とお会いする準備ができているのです。

ユダヤ人だけが神の選びの民ではありません。異邦人であるわたしたちもまた選びの民です。もはやユダヤ人と異邦人の区別はありません。どんな民族のどんな罪びとであっても、キリストを罪からの救い主と信じる信仰によって、同じように神の国の民となることができるのです。神のみこころは、異邦人でもユダヤ人でも、一切のものがキリストにあって一つに集められ、神の国を受け継ぐことでした。旧約時代には隠されていた「みこころの奥義」が、キリストによって明らかになったのです。このことがわかるなら感謝が溢れ出て、神のみわざをほめたたえたいと願う気持ちを抑えることができなくなるでしょう。

3　聖霊の保証のゆえに

最後に、聖霊の保証のゆえに、神をほめたたえます（13～14節）。「救いの福音を聞いてそれを信じたことにより」、約束の聖霊が与えられます。将来、神の国を受け継ぐという証印が押されるのです。聖霊のことが今一つわからない、という方もおられるかもしれませんが、知ってください。もしキリストを救い主と信じることができたなら、それは聖霊の働きのゆえです。主イエスを救い主と信じ告白したとき、少しでも嬉しさや平安を経験したのなら、それは聖霊の働きです（コリント人への手紙第一12章3節）。

たとえ、いまだに多くの欠点があり、主のみこころを行えない者であっても、主イエスの贖いのわざを信頼し、主が自分を変えてくださるという信仰をもって聞くときに、聖霊は臨んでくださいます（ガラテヤ人への手紙3章2節）。聖霊は、キリストの霊であり、見えないキリストご自身です。必死の努力をしたから、良いことをしたから、聖霊を受けるのではありません。キリストに信頼して拠り頼むとき、聖霊を受けるのです。キリストとの霊の交わりが喜びとなるのです。パウロ自身も言っています。「わたしは、すでに得たのでもなく、すでに完全にされているのでもありません。ただ捕らえようとして追及しているのです。そして、それを得るようにと、キリスト・イエスがわたしを捕らえてくださったのです」（ピリピ人への手紙3章12節）。

キリストによって捕らえられ、キリストと親しい交わりをしているなら、わたしたちはこの地上に住んでいても、神の国に生きている者です。そしてこの聖霊が、「聖なる、傷のない」者にしてくださると保証してくださっています。聖霊は、拠り頼みさえするなら、わたしたちと共に歩み、わたしたちの内に住み、罪深い者を造り変えてくださいます。そのような日々の連続であるなら、キリストが再びおいでになるとき、神の国を受け継ぐことは百パーセント確実であることを知ってください。その時、わたしたちの不完全な肉体は何の傷もない栄光のからだと変えられ、神のものとされます。

再臨の時は、キリストと教会の結婚の日だと言われていますね。すると今は、その結婚式に備える期間、婚約期間と言えるでしょう。わたしにもそのような期間がありました。今から考えると、楽しい時でした。わたしは大阪に住み、家内は東京にいましたので、毎日のように電話をしていました。いわゆる「遠距離恋愛」です。遠く離れていてもことばを交わせるのはよいものですね。同様に、わたしたちは今、主イエスの姿を見ることはできません。しかし、聖書を読むことによって主イエスの言葉を聞くことができます。祈りによって主イエスに話しかけることもできます。これはわたしたちと主イエスとの愛の交わりです。聖霊のお働きにより、この楽しさと喜びを毎日経験できることは何と幸いでしょうか。

しかし、もしわたしたちがこの聖霊の働きを信頼せず、自分の力に頼って善い行いをしようとするなら、聖霊のお働きを妨げることになります。重要なのは、まず聖霊に拠り頼み、主との交わりを深めることです。その後に動き出せば良いのです。聖霊は、求めさえすれば応えてくださいます。こんな罪深いわたしたちに、聖なる霊が、救い主キリストが、共にいてくださるとは、何という幸いでしょうか。「神様、こんなわたしを聖なる者へと造り変えるために、聖霊様がいつも一緒にいてくださるのですね。感謝します」と、心から感謝し、そのことをなしてくださる神をほめたたえようではありませんか。

現在のわたしたちには様々な欠けがあります。失敗があります。罪があります。しかしそれを隠して、「自分は完全になった」と傲慢になってはなりません。罪があるならそれを隠さず、主の前で正直に告白しましょう。主の前に謙遜に出ていって悔い改め、キリストの十字架を仰ぎましょう。父なる神の選びも、キリストの贖いも、聖霊の保証も、みな神からの恵みです。この恵みを受け入れるなら、その恵みの絶大さを実感し、心の奥底から神の栄光をほめたたえたいとの思いが強く湧き出てくるのです。

〈第57回 北海道ケズィック・コンベンション〉

貧しさから豊かさへ　悲しみから喜びへ

マタイの福音書5章3〜4節

イアン・コフィ

今回、日本で神の言葉を分かち合うことを祈ってきたときに、マタイによる福音書の8つの幸いに導かれました。

山上の説教は、8つの幸いから始まります。英語では「The Beatitudes（NIV表題）」を使いますが、すごく翻訳しにくい言葉です。この言葉は、英語ではなくラテン語です。ラテン語で、「豊か、幸福」という意味があります。また「お祝いをする」という意味があり、「おめでとう。あなたは恵まれています」と訳す人もいます。

わたしは、ビリー・グラハム先生の「Beatitudesとは、Beautiful attitudes（美しい心の姿勢）」だという説明が好きです。先生は「8つの生き方は、祝福の源であり、このような生き方をするときに、幸せがついていくるよ」と語ります。つまり、わたしたちの生き方を通して、聖霊が働いていると知るようになるのです。
わたしたちは、どのように山上の説教を読むでしょうか。しなければならないリストではありません。山上の説教は、美術館にすばらしい生き方が飾られているようなものです。わたしたちの内に聖霊が働くときに、このような生き方になるという絵のようなものなのです。

8つの幸いの最初は3節に出てきます。「心の貧しい者は幸いです。天の国はその人たちのものだからです」。

ヨハネの黙示録3章14～22節にあるラオディキア教会に送られたメッセージを読んでみましょう。ラオディキア教会の人達は、この教えと全く違う生き方をしておりました。それは、イエスの言われた生き方と正反対でした。傲慢でした。「わたしたちは、何も必要がない。豊かである。全て持っている」という生き方です。

3節の「Beautiful attitudes（美しい心の姿勢）とは何なのでしょうか」。それは、神の前に、自分の霊的状態がどのようなものか正直に認めること、一言でいうと「謙遜」ということです。わたしは、霊的に必要なものをすべて身に着けているのではなく、わたしには霊的なものが必要だということです。貧しいことがいいことだと言うのではありません。もちろん、イエスは、貧しい人に配慮がありますし、わたしたちもそのような心掛けが必要です。

つ生き方です。

しかし、このマタイの記事は、「心の」貧しい者は幸いですとあります。「心の貧しい」とは、「自分が本当に霊的に貧しいと認めること」です。自分は罪深く、赦されなければいけないという気持ちを持つ生き方です。

パウロはローマ人への手紙12章3節で「あなたがた一人ひとりに言います。……信仰の量りに応じて、慎み深く考えなさい」と言いました。パウロは、新しい信者だけではなく、信仰歴の長いクリスチャンたち、リーダーたち、またパウロ自身に対して語りました。わたしたちが、絶対に忘れていけないのは、神がわたしたちに何をしてくださったのかということです。わたしたちは、謙遜になり、神への感謝を絶対に忘れてはいけません。これが、クリスチャンの美しい態度です。

このことに対する、神の祝福は何でしょうか。

聖書には「心の貧しい者は幸いです」、なぜかというと「天の御国はその人たちのものだからです」とあります。わたしたちは、心の貧しい者で価値のない者です。しかし、神は、天国で価値ある者としてくださるのです。貧しければ貧しいほど、神の恵みの大きさを知るのです。

3つのことをお話しします。

1つ目に、わたしたちの神に対する態度です。わたしたちが、神の前にいつも謙遜な思い、罪を悔い改める気持ちで祈ることです。イエスは、二人の人が神殿に上った話をされました。一人はパリサイ人で、「わたしは真面目に生きています」と言い、「神よ、あの人のようでないことを感謝します」と言いました。もう一人は取税人で、天に目を向けず、ただ一言「神様、罪人の私をあわれんでください」（ルカの福音書18章13節）と言いました。この姿こそ、心の貧しい者ではないでしょうか。

2つ目に、わたしたち自身に対する見方です。本当に、自分は神の前に正直でしょうか。隠したり、避けたりしてはいないでしょうか。わたしたちは間違いをした時はわかります。ですから、自分の弱さを祈り、ほかの人にも祈ってもらいながら、イエスが光の中を歩まれたように、わたしたちも光の中を歩まなくてはなりません（ヨハネの手紙第一1章7節）。

3つ目に、わたしたちが周りの人に対して、どのような生き方をするのかということです。パリサイ人のように、他の人を裁くのでなく、恵みを与え、一人一人をやさしさと恵みを持って接する生き方です。

チャールズ・スポルジョンは「わたしは本当にキリストを必要としている者です。同時に、わたしの必要のためにすばらしいイエスがいるのです」と言いました。これこそが、心の貧しい者の姿勢ではないでしょうか。

わたしと家内のルースは、ベツレヘムの聖誕教会を訪れました。イエスがお生まれになったと思われている所です。そこには、大きな入口がありますが、扉は閉じられています。中に入るためには、大きな門の扉についている小さな別の門から頭を下げて入らなくてはなりません。それは、クリスチャンの持つべき態度です。あなたが、どのような人でも、イエス・キリストに近づくために、頭を下げなくてはならないのです。

2番目の幸いな態度は何でしょうか。「悲しむ者は幸いです。その人たちは、慰められるからです」(4節)。

わたしは牧師として、愛する家族を亡くした人たちのためにこの箇所から語ります。この言葉は真実です。悲しむ者の中に、神の慰めが働きます。

しかし、ここで言われていることは、わたしの罪に対する悲しみ、この世にはびこる罪に対する悲しみです。一言でいうと「心が砕かれた状態」です。英語では「broken」と言います。それは、傷つけられたままの状態でなく、健全ですが心が砕かれた状態です。神の前に謙遜となるときには心に痛みがあります。それはみじめな言い訳ではありません。罪についての悲しみであり、自分の罪、そして、この世界の罪に対しての悲しみです。

イザヤ書6章には、イザヤが神と出会ったときの幻について述べています。イザヤは、幻の中で、神の聖さ、神の栄光に輝く姿を見ました。その時イザヤは、「ああ、私は滅んでしまう。この私は唇の汚れた者で、唇の汚れた民の間に住んでいる。しかも、万軍の主である王をこの目で見たのだから」(イザヤ書6章5節)と反応しました。

モーセは、イスラエルの民と、紅海を渡った時、歌を作りました。「主よ、神々のうちに、だれかあなたのような方がいるでしょうか。だれがあなたのように、聖であって輝き、たたえられつつ恐れられ、奇しいわざを行う方がいるでしょうか」(出エジプト記15章11節)。

イザヤもモーセも、神を見たときに、神を恐れ、神の神々しさを感じました。神の栄光を垣間見ただけで、自分がどれほど神の前に汚れたものであるか知るわけです。北海道には雪が降ります。どんな建物も、雪の横ではグレーに見えます。同じように、汚れはきよさがあって、初めて見えてくるのです。

神に近づけば近づくほど、自分の中の汚れがはっきり見えてきます。そして、自分だけではなくて、罪がはびこった世界を悲しむ心が生まれます。

ある作家が言っています。「悲しむ者とは、神に対する国の冒涜を嘆き悲しむものだ。真理という教えを破ってしまっている。人々の中に、欲望があり、皮肉があり、あるいは、不正直さがあることを嘆くものである。この罪を嘆く人があまりに少ない」と表現したのです。

また英語の賛美に、神に対する祈りとして、「神よ、あなたの心を痛めているものをどうぞ、このわたしに知らせてください」という歌詞があります。悲しむというのは、「どれほど神が心痛めているか知らせてください」という意味です。

「悲しむ者に与えられる祝福」は何でしょうか。「その人たちは慰められる」とあります。パウロはローマ人への手紙5章1節で、「私たちは信仰によって義と認められたので、私たちの主イエス・キリストによって、神との平和を持っています」と語ります。わたしたちは、罪があり、心痛めていました。しかし、わたしたちの罪を洗い清めるために、イエスが自分の命を捨て、十字架で血を流さなくてはいけなかったのです。これこそが、福音の中心です。

イギリスの作曲家にエドガーという有名な人がいます。そのエドガーが、ある人がソロで歌を歌うのを聞きました。その歌を聞いた後、一緒にいた人が、「あなたは専門家として、今の女性の歌をどう思いますか」と質問しました。すると作曲家は「彼女は確かに上手です。しかし、彼女が心を痛める経験を持ったら、もっとすばらしくなるでしょう」と言いました。本当にすばらしい歌手になるには、聞いている人の心に触れるために、そのような心が痛む経験が必要だと、彼は言ったのです。

2つのことを考えていただきます。

告白をすることは、わたしたちが身に着けるべきふさわしい習慣だと思ってください。個人的な祈りをするときも、教会で祈るときも、まず、最初に自分の罪を告白すること。「自分には神の赦しが必要です」と認めることはすごく重要です。それが、心の貧しい者です。神の前に自分を低くする者、自分の中にある罪、この世の中にある罪を悲しむ者です。告白することは、健全なクリスチャンの習慣です。

もう一つは、よく考えるということ。自分について深く反省すること。これも健全な習慣です。わたしたちは、毎日が忙しいので、急いでしまいます。しかし、わたしたちは、どこかで時間を止めて、ゆっくりと神の前に静まる時が必要ではないでしょうか。わたしたちは、昨日よりも今日、どのようにすればよいでしょうか。「わたしは、今日どこに行けば、よいでしょうか。誰に祝福と平安を分かち合うことができるでしょうか」。「今日、一日の中で、イエスにふさわしくないことはなかったでしょうか。自分の中に、苦々しいものは残ってないでしょうか。人を赦せない心はないでしょうか」。それを考え、自分を見直すことは大切な習慣です。それが、きよい生き方と成長に導くのです。そして、さらにイエスに近く歩む道です。

謙遜に生きると、神によって豊かにされます。心痛めて悲しむ者であっても、神が慰め、喜びを与えてくださいます。わたしは、この説教の準備の中で詩篇51篇が浮かびました。ダビデが罪を犯した後、悔い改めた詩篇です。「神へのいけにえは、砕かれた霊。打たれ、砕かれた心。神よ、あなたはそれを蔑まれません」（詩篇51篇17節）。どうか、この言葉の意味を、時間をとって考えてください。この祈りは今日の学びの結論にふさわしい祈りです。


（文責　塩屋証）

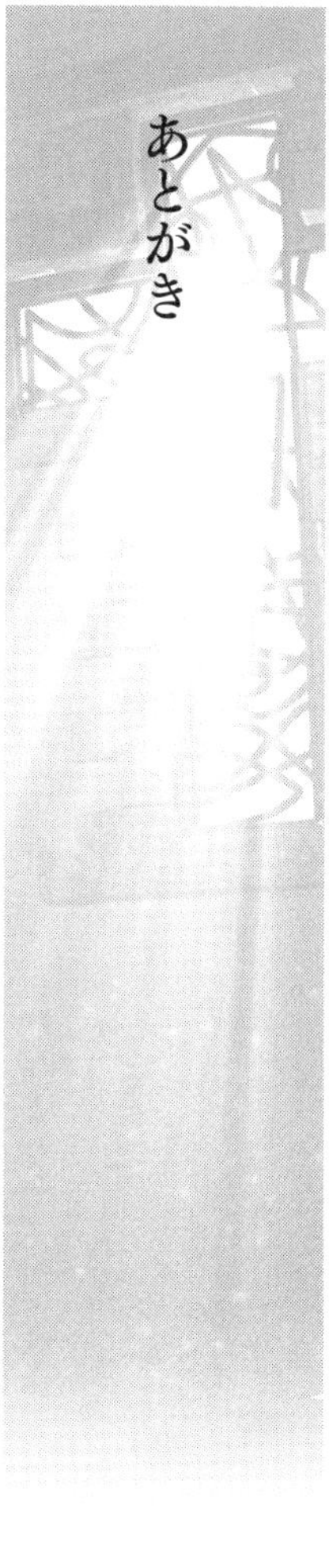

あとがき

2023年は、ようやく対面開催で、日本ケズィック・コンベンションと、各地区ケズィック・コンベンションが開催されました。それは、過去3年間、申し上げるまでもなく新型コロナウィルスの感染拡大が続いた中で、ケズィックも試行錯誤していたのが、なんとかともに集まってみ言葉を聞くことができるようになったからでした。

この説教集は、日本ケズィック・コンベンションの最初の三日間のすべての説教と、各地区からの説教を一編ずつ、掲載しました。

第62回日本ケズィックには、昨年に引き続き、イアン・コフィ師とルース夫人（イギリス）、デビッド・オルフォード師（アメリカ）がご奉仕くださり、日本人講師は鎌野善三師（日本イエス西宮聖愛教会牧師、ケズィック中央委員長、大阪ケズィック委員長）、永井信義師（東北中央教会牧師、拡大宣教学院学院長）

がご用くださいました。

各地区のコンベンションからは、沖縄のジョン・オズワルト師（アメリカ）、九州の石田学師（日本聖書協会理事長）、大阪のイアン・コフィ師、東北の鎌野善三師、北海道のイアン・コフィ師の説教を収録することができました。

また、おもに海外講師の原稿を整えるに際し、本文中に【文責】と記した方々が協力してくださいました。心より感謝いたします。

ただ今年は、本説教集の出版時期が大変遅くなってしまいました。これはひとえに編集責任者であるしもべの責任です。しもべは去る3月末で牧会の責任を離れましたので、もっと早く編集の仕事に取りかかるつもりでおりましたが、住環境などの変化や、新しく負うことになった働きへの適応に思ったよりもてこずったというのが、正直なところです。改めておわびするとともに、何とか63回日本ケズィック・コンベンションの前に刊行にこぎ着けられたことを、主に感謝します。

編集・出版に際しては、西脇久仁子姉（ケズィック事務局）、安田正人兄（株式会社ヨベル社長）にお世話になりました。

ケズィックの説教が、コンベンション、オンライン、そしてこの説教集を通して、日本の諸教会にこれからも用いられていくことを祈りつつ。

2023年12月4日

日本ケズィック・コンベンション中央委員・出版担当
大井　満

2023 ケズィック・コンベンション説教集

キリストの光に照らされて歩む

Guided by the Light of Christ

2024 年 1 月 30 日　初版発行

責任編集－大井　満

発　行－日本ケズィック・コンベンション
〒 101-0062　東京都千代田区神田駿河台 2－1　OCC ビル内
TEL 03-3291-1910（FAX 兼用）
e-mail：jkeswick@snow.plala.or.jp
発　売－株式会社ヨベル
〒 113-0033　東京都文京区本郷 4－1－1
TEL 03-3818-4851

印　刷－中央精版印刷株式会社
装　丁－ロゴスデザイン：長尾優

配給元－日キ販　東京都新宿区新小川町 9–1　振替 00130-3-60976　TEL03-3260-5670
ISBN 978-4-909871-73-2　Printed in Japan ⓒ 2024

本文に使用されている聖書は、聖書 新共同訳、聖書 口語訳、聖書協会共同訳（日本聖書協会）、聖書 新改訳 ©1970,1978,2003、聖書 新改訳 2017（新日本聖書刊行会）が使用されています。

【書評再録　本のひろば２０２３年４月号】

聖化と聖書講解を特徴とする説教集

ケズィック・コンベンション説教集２０２２　大井 満責任編集

キリストの日に向かって

評者：**藤原導夫**

本書にはイギリス、アメリカ、インドなど海外講師三名による説教が九篇、日本の牧師六名による説教が七篇収められています。いずれも２０２２年に日本各地で開催されたケズィック・コンベンションで語られたものです。ケズィック・コンベンションとは、イギリスのケズィック地域で始まったホーリネス運動促進のために生まれた超教派的聖会です。その歴史と伝統を受け継いで日本でも北海道から沖縄までの各地で毎年講師を立てて「聖会」が行われています。聖会は２０２２年で61回となりますが、各地の聖会の開催期間は１日～３日とさまざまであり、会衆は教職者、信徒の別なく参加出来るものとなっています。

この集いの特徴は、いわゆるきよめ派と呼ばれるグループが中心となっており、講師も会衆もそのような人々で構成されています。しかし近年ではより超教派的な広がりをもって講師も会衆も構成されている様子もうかがえます。そして、そこで語られる説教も単に「きよめ・聖潔」の強調のみならず、キリスト者生活全般にわたる領域へと広がっていることが見て取れるように思われます。

ここで語られる説教は基本的に「バイブル・リーディング」（聖書講解）です。聖書テキストを取りあげ、それらを丁寧に解説していくのです。けれどもテキストの流れを忠実に追うことに留まらず、それらを論理的に再構成して主題的にも語るという特徴も見られます。例えば、本書の最初に記されているジョナサン・ラムの説教は「ピリピ人への手紙」四章六〜九節からです。基本的にはそこを解き明かしていくのですが、①神の備えにより頼む、②神の目的を知る、③神の平安を知る、④神の真理に焦点を合わせる、というように主題的にも整えられているのです。その点では、講解説教でありつつ主題説教的でもあり、聴き手にも論理的に整った分かりやすい説教として語られています。

このことは本書の説教者すべてに基本的に共通する特徴ですが、「かつて、そこにおける」聖書の釈義のみならず、「いま、ここにおける」次元にもブリッジを架けて、その聖書テキストの意味を説き明かそうとする取り組みがなされているところは大きな力や魅力となっています。なぜなら聴き手はその聖書テキストの過去の意味のみならず、それが現在においてどのような意味をもって自分に語りかけているのかを知りたいと願っているからです。そのような点からすれば、本書に収められている説教はきわめて良くバランスが取れており、聴き手の心に深く届くものとなっていると言えましょう。

日本人六名の説教者は私が存じ上げている方々も多く、興味をもって耳を傾けました。そこではすでに指摘したように聖書テキストから「演繹《えんえき》的に解き明かす」流れがやはり中心ですが、中には日常的な事柄から説き起こして聖書テキストに橋を架けて語るという「帰納的スタイル」も見られ、ケズィック説教の多様性や変化をもうかがい知ることができました。一読をお勧めします。

（ふじわら・みちお＝お茶の水聖書学院前学院長）

（四六判・一九六頁・定価一四三〇円）

日本ケズィック・コンベンション説教集

［既刊のご案内］（価格は税別表示）

2022　キリストの日に向かって● *1,300* 円

Looking ahead the Day of Christ

2021　私たちの希望〜パンデミックの時代に〜● *1,300* 円

Our Hope – In the Pandemic Era –

2020　神の愛に満たされて　● *1,300* 円

Overflowing Love of God

2019　聖なるたたずまい　● *1,300* 円

Christlikeness

2018　聖霊に満たされて歩む　● *1,300* 円

Empowered by the Spirit

2017　真実の憐れみをもって招く神　● *1,300* 円

God calling us with true mercy

2016　主にあって勝利するキリスト者　● *1,300* 円

Victor in Christ

2015　主の栄光を映し出しながら　● *1,300* 円

Reflecting the glory of the Lord

2014　御座から流れるいのちの水　● *1,300* 円

The living warter overflowing from His throne

2013　第一のものを第一に　● *1,300* 円

First things first-life

2012　十字架につけられた民を捜し求める神　● *1,238* 円

God is seeking crucified people

2011 **生きるとはキリスト** ● *1,238* 円

To Live is Christ

2010 **回復される神に出会う** ● *1,238* 円

Meet The God Who Restores

2009 **最前線からの手紙** ● *1,238* 円

Letters from the Front Line

2008 **神は今、どこにおられるのか** ● *1,238* 円

Where does God live today?

2007 **福音の豊かさにあずかる道** ● *1,238* 円

Sharing in the Fullness of the Gospel

2006 **聖なる道——キリストに生きる** ● *1,429* 円

The Way of Holiness —— living in Christ

2005 **すべてを可能にする神** ● *1,429* 円

All things are possible with God

2004 **聖なる神に出会う喜び** ● *1,429* 円

Joyful encounter with the Holy God

2003 **変えられる祝福** ● *1,429* 円

The blessings of spiritual transformation

2002 **聖霊による希望** ● *1,429* 円

Hope inspired by the Holy Spirit

2001 **輝けるクリスチャン生活** ● *1,429* 円

Radiant Christian Living

2000 **聖なる者となれ** ● *1,429* 円

Be Holy

1999 **日常生活の中の聖さ** ● *1,524* 円

Holiness in Daily Life

1998　勝利する道　● *1,524* 円

The Way of Victorious Life

1997　恵み溢れる御手　● *1,524* 円

The gracious hand of our God

1996　聖なる輝き　● *1,456* 円

The splendour of His holiness

1995　聖なる挑戦　● *1,524* 円

The Holy Challenge

1994　聖手の下に　● *1,524* 円

Under His Lordship

1993　聖別された生活　● *1,650* 円

Holy Living

1992　永遠と愛　● *1,650* 円

Eternity and Love

1991　ホーリネスの美　● *1,524* 円

The Beauty of Holiness

【ポール・S・リース 説教集】　● *1,800* 円

ハート オブ ケズィック

The Heart of Keswick

荒野から聖なる大路へ［DVD付き］　● *1,800* 円

日本ケズィック・コンベンション 50 年記念誌

日本ケズィック・コンベンション 50 年記念誌出版特別委員会［編］